Rolf Breiter/Karsten Paul

Geschichte handlungsorientiert: Neuere Geschichte

Arbeitsblätter und Lernzielkontrollen

8. / 9. Klasse

PERSEN

Die Autoren

Rolf Breiter arbeitet als Förderschullehrer und ist Hauptseminarleiter der Pädagogik sowie Mitglied der Kommission „Abschlussarbeiten Mathematik Hauptschule".

Karsten Paul ist Förderschullehrer und Mitglied der Kommission „Kerncurriculum Geschichte Hauptschulen".

4. Auflage 2022

AAP Lehrerwelt GmbH
Veritaskai 3
21079 Hamburg
Telefon: +49 (0) 40325083-040
E-Mail: info@lehrerwelt.de
Geschäftsführung: Christian Glaser
USt-ID: DE 173 77 61 42
Register: AG Hamburg HRB/126335

Wir verwenden in unseren Werken eine genderneutrale Sprache. Wenn keine neutrale Formulierung möglich ist, nennen wir die weibliche und die männliche Form. In Fällen, in denen wir aufgrund einer besseren Lesbarkeit nur ein Geschlecht nennen können, achten wir darauf, den unterschiedlichen Geschlechtsidentitäten gleichermaßen gerecht zu werden.

Autorschaft:	Rolf Breiter, Karsten Paul
Covergestaltung:	TSA&B Werbeagentur GmbH, Hamburg
Coverfoto:	© keithburn – fotolia.com
Illustrationen:	Marion El-Khalafawi
Satz:	Graph & Glyphe, Offenburg
Druck und Bindung:	Druckerei Joh. Walch GmbH & Co KG, Augsburg
CD-Pressung:	optimal media GmbH, Röbel/Müritz

ISBN: 978-3-403-23535-4
www.persen.de

Inhaltsverzeichnis

Inhaltsverzeichnis

Vorwort

Geschichte handlungsorientiert lehnt sich eng an die Struktur der Kerncurricula an und ermöglicht den Erwerb von gesichertem Verfügungs- und Orientierungswissen. Die vorliegenden Kopiervorlagen umfassen als vierter Band der Reihe den Zeitabschnitt vom ausgehenden 18. Jahrhundert bis hin zum Ende des 19. Jahrhunderts. Unter dem Motto „Geschichte erleben und nachempfinden" setzen sich die Lernenden mit historischen Veränderungen auseinander und erfahren dadurch, wie Menschen in der dargestellten Zeitepoche gelebt, gewohnt und gearbeitet haben.

Geschichtsunterricht in leistungsheterogenen Lerngruppen erfordert strukturierte, motivierende Materialien mit übersichtlichem Textteil und klaren Anregungen zur handlungsorientierten Auseinandersetzung mit historischem Wissen, die für den Lehrenden ohne erheblichen Mehraufwand nutzbar sind. Diesem Anspruch versucht *Geschichte handlungsorientiert* gerecht zu werden. Der inhaltliche und methodische Aufbau der Materialien berücksichtigt inhalts- wie prozessbezogene Kompetenzen. Fachspezifische Methoden und Verfahren werden eingeübt und von den Schülerinnen und Schülern genutzt, um Erkenntnisse zu gewinnen.

Während sich der dritte Band mit der frühen Neuzeit beschäftigt und den Schülerinnen und Schülern Einblicke in die Europäisierung der Welt gibt, rücken in den vorliegenden Arbeitsmaterialien politische, wirtschaftliche, soziale und kulturelle Verhältnisse sowie die historischen Veränderungen der späten Neuzeit in den Fokus der Erarbeitung. Die Schülerinnen und Schüler gewinnen Einblicke in das Zeitalter der bürgerlich-industriellen Revolution und die Entstehung der modernen Nationalstaaten. Ihnen werden neben vielschichtigen Motiven und Abläufen auch die Folgen dieser Veränderungen aufgezeigt und sie können sich damit auseinandersetzen.

Die Arbeitsmaterialien enthalten zudem ausgewählte Beispiele zur Darstellung der Lebensbedingungen unterschiedlicher Menschengruppen sowie Beispiele ihrer Abhängigkeit von Veränderungen in der sozial-wirtschaftlichen und staatlich-politischen Ordnung. Die Schülerinnen und Schüler gewinnen Einsichten in Herrschaftsstrukturen und damit einhergehende Interessensgegensätze, wie zum Beispiel die der Bürger gegen ihre feudale Obrigkeit. Sie werden mit dem Weltbild absolutistischer Herrscher und deren Umgang mit ihren Untertanen konfrontiert, erfahren Möglichkeiten zur politischen Teilhabe und erkennen, dass politisches Engagement zu gesellschaftlichen Veränderungen führen kann. Dazu zählen zum Beispiel die historischen Entwicklungen im Rahmen der bürgerlichen Revolution.

Indem die Schülerinnen und Schüler sich mit dem Beginn und der fortschreitenden Industrialisierung auseinandersetzen, lernen sie die Veränderung der Welt durch den technologischen Wandel kennen. Sie erfahren, dass technischer Fortschritt einerseits zu Arbeitserleichterungen führt, andererseits aber auch sozialen Abstieg bedeuten kann. Mit der industriellen Arbeiterschaft lernen sie eine neue soziale Gesellschaftsschicht und deren Interessenvertretungen, wie Gewerkschaften und Arbeiterparteien, kennen. Die Beschäftigung mit der sozialen Frage zeigt die mit der Industrialisierung einhergehenden Aspekte Armut, Ausbeutung und Kinderarbeit auf.

In all diesen Bereichen können die Schülerinnen und Schüler Vergleiche zur Gegenwart anstellen, um dadurch Gemeinsamkeiten und Unterschiede bzw. Gegensätze herauszuarbeiten.

Vorwort

In dem Kapitel „Das Deutsche Kaiserreich“ werden unterschiedliche Zielvorstellungen für einen Nationalstaat aufgezeigt und mit der Gegenwart verglichen. Die Schülerinnen und Schüler erkennen, dass die nationale Einigung und Einheit Deutschlands nur gegen den Widerstand europäischer Großmächte erfolgte und durch die umsichtige Bündnispolitik Bismarcks gesichert wurde. Deutlich wird auch, dass die Reichsgründung von 1871 eine Einigung von oben war und nicht mit politischen Freiheitsrechten der Bürger einherging. Das Volk wählte zwar den Reichstag, dieser hatte aber keinen bzw. nur geringen Einfluss auf Regierung und Politik. Die Staatsgewalt war demokratisch allenfalls scheinlegitimiert und ging weiterhin von den Fürsten aus.

Die auf der Basis einer handlungs- und erlebnisorientierten Konzeption angelegten Kopiervorlagen streben eine produktive und problemlösende Auseinandersetzung mit historischen Inhalten an. Motivierende Arbeitsmaterialien mit klar strukturierten Instruktionen und einfachen Handlungsanleitungen in Schrift und Bild sind hinsichtlich einer selbstständigen Bearbeitung förderlich und bringen auch leistungsschwächere Schülerinnen und Schüler zu sichtbar positiven Ergebnissen.

Neben den Kopiervorlagen zur Erarbeitung historischer Kontexte werden Lösungen, Lernzielkontrollen sowie Aufgaben zur Ergebnissicherung auf der beiliegenden CD angeboten. Diese sind so aufgebaut, dass die Schülerinnen und Schüler sie eigenständig in Einzel-, Partner- oder Gruppenarbeit lösen können. Da die Lernzielkontrollen editierbar im Word-Format gestaltet sind, können sie ohne großen Mehraufwand individuell zusammengestellt und damit differenziert eingesetzt werden.

Vorwissen und Fragen zum Thema

Name: ______________________

Datum: ______________________

1. Was weißt du schon? Notiere deine Ideen zum Thema „Französische Revolution – Der Kampf um Menschrechte und bürgerliche Freiheit“ in den Gedankenblasen.

2. Was möchtest du erfahren? Formuliere Fragen zum Thema.

- ____?
- ____?
- ____?
- ____?
- ____?
- ____?

Die Ständegesellschaft im absolutistischen Frankreich

Name: ______________________

Datum: ______________________

Am Ende des 18. Jahrhunderts ist die Gesellschaft in drei Stände aufgeteilt, an deren Spitze der König als absoluter Herrscher regiert. Die Geburt bestimmt die Zugehörigkeit zum jeweiligen Stand. Zum ersten Stand gehören die Geistlichen (der Klerus) und zum zweiten Stand die Adligen. Den dritten Stand bilden die Bauern und Bürger. Jeder Stand hat eigene Vorschriften, Rechte und Pflichten. Die Mitglieder des dritten Standes müssen Steuern bezahlen und zusätzliche Abgaben an die ersten beiden Stände leisten. Im Gegensatz zu den ersten beiden Ständen besitzt der dritte Stand kein Jagdrecht. Tagelöhner, Knechte und Mägde sind rechtlos und gehören keinem Stand an.

1. Ordne die Personengruppen den drei Ständen zu.

Abt | Arbeiter | Arzt | Bäcker | Baron | Bauer | Erzbischof | Fabrikbesitzer | Fischer | Graf | Herzog | Kardinal | Nonne | Schuster | Soldat

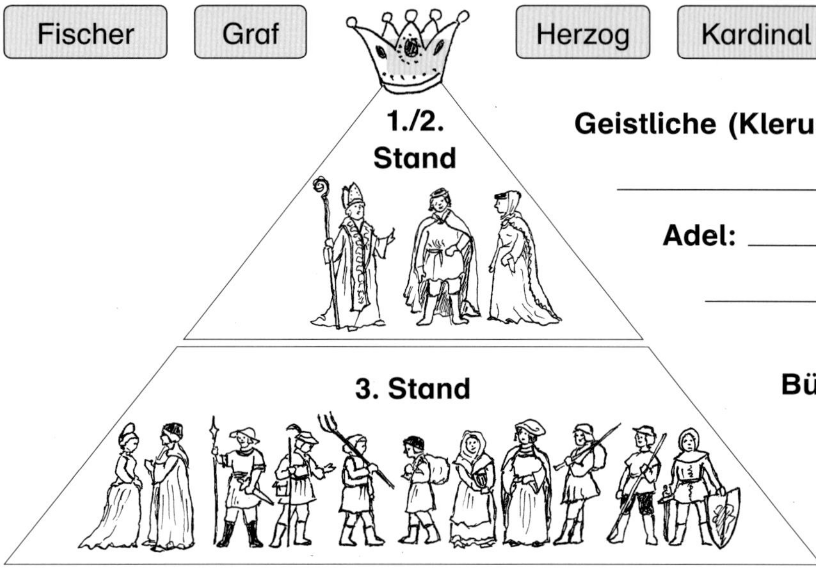

Geistliche (Klerus): ______________________

____

Adel: ______________________

____

Bürger und Bauern: ______________________

____

____

____

2. Stelle die Anteile der Stände an der Gesamtbevölkerung und am Grundbesitz dar. Färbe dazu die Balken wie angegeben ein.

Anteil an der Bevölkerung:
1. und 2. Stand: 2 % (blau)
3. Stand: 98 % (rot)

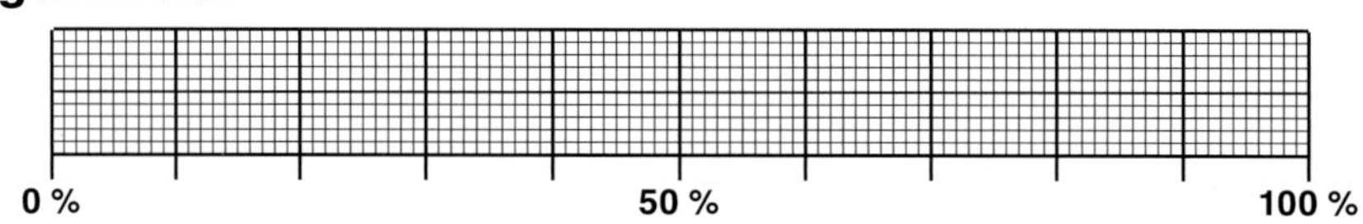

Anteil am Grundbesitz:
1. und 2. Stand: 70 % (blau)
3. Stand: 30 % (rot)

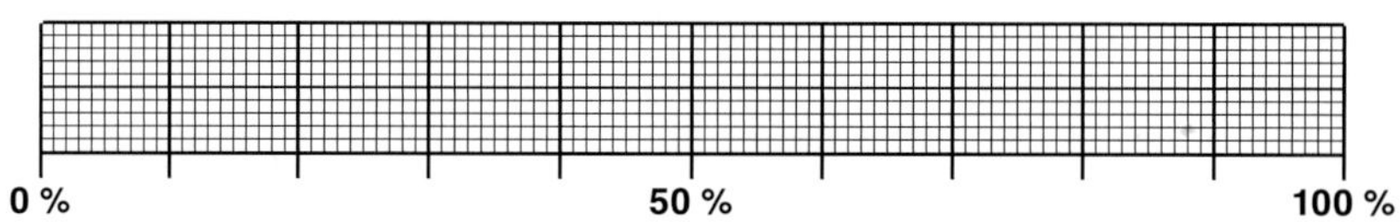

3. Bewerte das Diagramm. Ist die Verteilung von Grundbesitz und Steuern gerecht?

____

____

4. Zu welchem Stand passen die Aussagen? Kreuze an.	**1./2. Stand**	**3. Stand**
Wir zahlen Steuern und Abgaben.		
Wir verfügen über viel Besitz und haben Jagd- und Fischrechte.		
Wir stellen den größten Teil der Bevölkerung dar.		
Wir sind durch alte Rechte von der Steuerzahlung befreit.		

Der Dritte Stand trägt die Lasten

Name: ____________________

Datum: ____________________

„Hoffentlich ist dieses Spiel bald beendet!"

„Ich wusste doch, dass wir auch noch an die Reihe kämen!"

Um 1789 sind viele Menschen mit ihrer Lebenssituation unzufrieden. Die Lage in Frankreich spitzt sich zu. Künstler stellen in Flugblättern und Karikaturen ihre Sicht auf die aktuelle politische Situation dar.

1. Beschreibe die Karikatur. Welche Personen, Tiere und Gegenstände sind abgebildet? Wofür stehen sie?

2. Was will der Künstler aussagen? Beachte dabei auch den Titel der Karikatur.

3. Vergleiche die beiden Karikaturen. Was fällt dir auf?

Der Dritte Stand erwacht

Name: ____________________

Datum: ____________________

1. **Schneide die Puzzleteile aus, setze sie zusammen und klebe sie auf ein Blatt Papier.**

2. **Beschreibe das Bild genau. Welche Personen sind dargestellt? Wie ist ihr Gesichtsausdruck?**

____

____

____

____

3. **Was könnten die Personen denken und sagen? Erstelle Denk- und Sprechblasen. Schneide sie aus und klebe sie zu den Personen.**

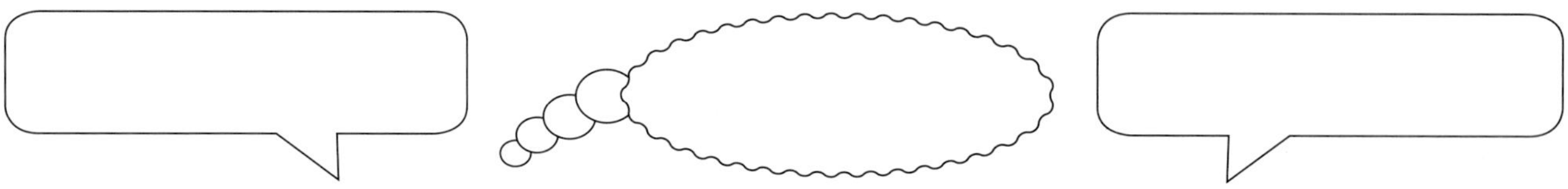

4. **Formuliere eine politische Forderung, die der Künstler mit seiner Zeichnung verknüpft.**

____

____

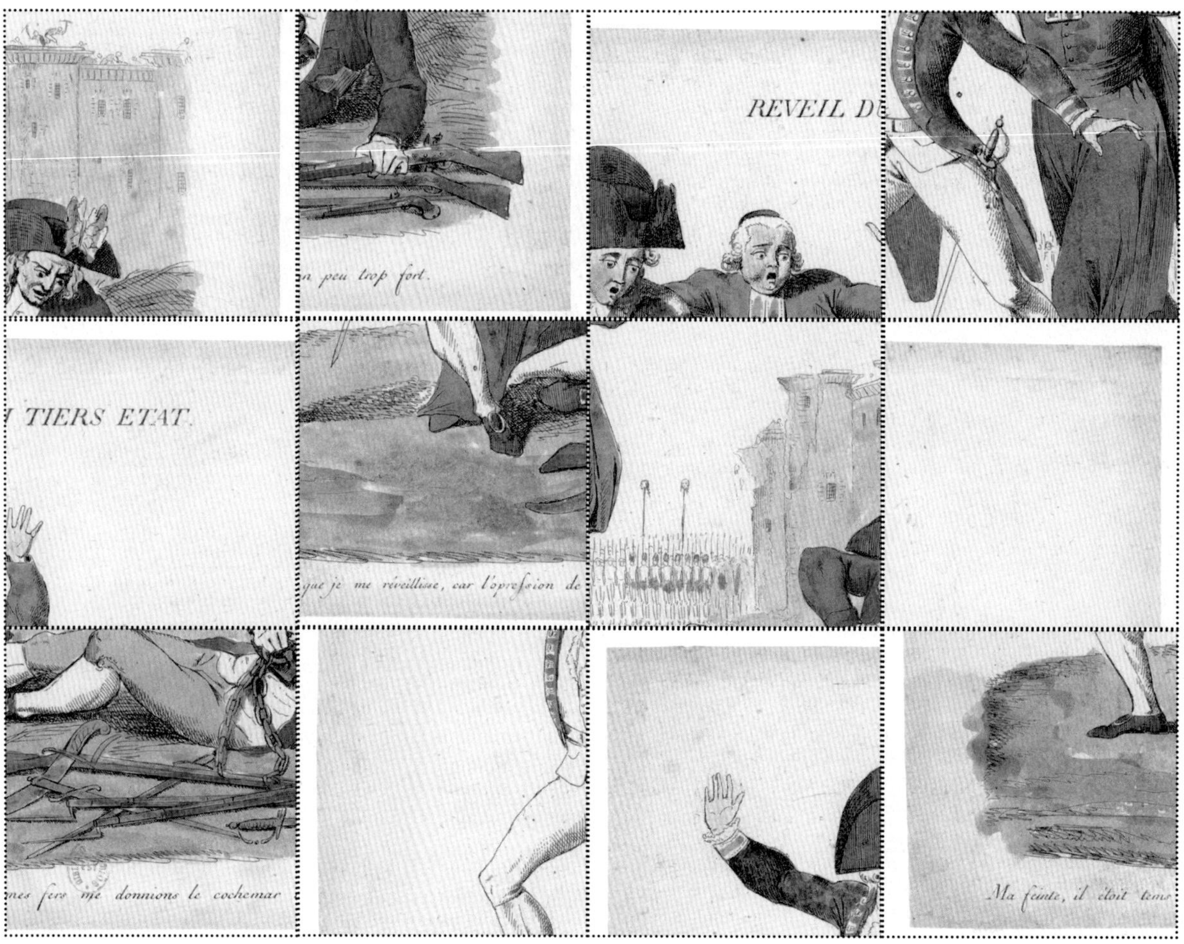

Rolf Breiter / Karsten Paul: Geschichte handlungsorientiert: Neuere Geschichte

Frankreich in der Krise – Die Revolution beginnt

Name: ____________________

Datum: ____________________

1. Setze die Lösungswörter richtig in den Text ein.

Abgeordneten | Abstimmung | Heer | Hofführung | König | Reformen | Schulden | Stände | Verfassung | Versammlung | Vertretung | Vorschläge

Seit 1774 herrscht Ludwig XVI. als absoluter ____________ über Frankreich. Er gibt viel Geld für Kriege, verschwenderische ____________ und das große ____________ aus. Die ____________ steigen rasant an. Im Jahre 1789 ist der Staat nahezu bankrott. So entschließt sich der König, die Generalstände (Vertreter aller drei ____________) zu einer ____________ nach Versailles einzuberufen. Sie sollen ____________ für neue Steuern machen. Die Vertreter des Dritten Standes fordern den König auf, ____________ einzuleiten und die Steuerprivilegien der ersten beiden Stände abzuschaffen. Da jedoch Ludwig nach Ständen getrennt abstimmen lassen will, ist es so den ersten beiden Ständen immer möglich, den Dritten Stand mit 2 : 1 zu überstimmen. Die Vertreter des Dritten Standes fordern deshalb eine gemeinsame ____________, in der die Stimme eines jeden ____________ gleichermaßen zählt. Als der König dies ablehnt, ziehen die Vertreter des Dritten Standes in das nahegelegene Ballhaus, einer Sporthalle. Hier erklären sie sich zur Nationalversammlung, der einzigen ____________ des Volkes. Sie schwören am 20. Juni 1789, erst auseinanderzugehen, wenn Frankreich eine ____________ hat.

Der Ballhausschwur

„Wir schwören, uns niemals von der Nationalversammlung zu trennen und uns überall dort zu versammeln, wo die Umstände es erfordern, bis die Verfassung des Königreichs festgelegt und auf festen Grundlagen gesichert ist."

Zitiert nach: Lautemann, W.: Geschichte in Quellen, München 1981, S. 178

Jaques-Louis David: Der Ballhausschwur (1791)

In einem Flugblatt fasst Abbé Sieyès, ein Wortführer des Dritten Standes, die Forderungen zusammen:

1. Was ist der Dritte Stand? – Alles. 2. Was ist er bisher in der politischen Ordnung gewesen? – Nichts. 3. Was fordert er? – Etwas zu sein. [...] Die Arbeit des Dritten Standes hält die Gesellschaft zusammen. Er ist der starke und kräftige Mann, dessen einer Arm noch in Ketten liegt.

Vereinfacht zitiert nach: Schmidt, H. D.: Fragen an die Geschichte, Bd. 3, Frankfurt 1981

2. Bewerte das Vorgehen des Dritten Standes.

____

____

____

1789 – Das Jahr der Revolution

Name: ______________________

Datum: ______________________

Während die Nationalversammlung an einer neuen Verfassung für Frankreich arbeitet, wird die Stimmung in Paris immer angespannter. Wegen hoher Brotpreise leiden viele Menschen an Hunger. Vor den Toren der Stadt marschieren Truppen auf. Dies schürt die Angst der Bürger, dass Ludwig XVI. mit Waffengewalt gegen sie vorgehen will. Wütende und bewaffnete Menschen machen sich auf den Weg zur Bastille, dem berüchtigten Gefängnis und Sinnbild königlicher Willkürherrschaft, mitten in Paris. Als der Kommandant des Gefängnisses auf die Menge schießen lässt und viele Menschen sterben, eskaliert die Lage. Soldaten schließen sich den Aufständischen an. Am 14. Juli 1789 wird die Bastille gestürmt. Kommandant und Wachsoldaten werden getötet. Das Volk bewaffnet sich mit den im Gebäude lagernden Waffen.

Sturm auf die Bastille (anonymes zeitgenössisches Gemälde)

Nach dem Sturm auf die Bastille kommt es auch überall im Land zum Aufstand. Bauern verweigern die Zahlung von Abgaben, greifen die Schlösser ihrer Herren an und verbrennen deren Besitzurkunden. Adlige werden umgebracht oder fliehen ins Ausland.
Um den Forderungen der Bauern entgegenzukommen, beschließt die Nationalversammlung auf Antrag der ersten beiden Stände eine Steuerpflicht für alle. Die Leibeigenschaft wird abgeschafft. Die Bauern werden von Abgaben an die Kirche befreit und erhalten das Jagdrecht.
Heute ist der 14. Juli Nationalfeiertag der Franzosen.

1. Unterstreiche Ereignisse, die zum Sturm auf die Bastille beitragen.

**2. Notiere die wichtigsten Beschlüsse der Nationalversammlung.
Warum beantragen Adel und Kirche die Aufhebung eigener Vorrechte?**

____

____

____

____

____

**3. Bei der Erstürmung der Bastille wurden mehr als 100 Menschen getötet.
Ist es aus deiner Sicht berechtigt, diesen Tag zum Nationalfeiertag zu erklären?**

____

____

____

____

Die Erklärung der Menschenrechte

Name: ____________________

Datum: ____________________

Im August 1789 beschließt die Nationalversammlung die Erklärung der Menschenrechte. Vorbild sind die Artikel der amerikanischen Unabhängigkeitserklärung von 1776. Die Erklärung der Menschenrechte ist als eines der wichtigsten politischen Dokumente seitdem Vorbild für viele demokratische Verfassungen.

Jean-Guillaume Moitte: „Die Gleichheit" (1793)

Artikel 1: Die Menschen werden frei und gleich an Rechten geboren und bleiben es.

Artikel 2: Der Zweck jeder politischen Vereinigung ist die Erhaltung der Menschenrechte. Diese sind das Recht auf Freiheit, das Recht auf Eigentum, das Recht auf Sicherheit und das Recht auf Widerstand gegen Unterdrückung.

Artikel 3: Der Ursprung jeder Herrschaft liegt beim Volke.

Artikel 4: Die Freiheit besteht darin, alles tun zu dürfen, was einem anderen nicht schadet.

Artikel 6: Das Gesetz [...] muss für alle gleich sein, mag es beschützen oder bestrafen.

Artikel 10: Niemand soll wegen seiner Anschauungen, selbst religiöser Art, belangt werden.

Artikel 11: Die freie Äußerung von Gedanken und Meinungen ist eines der kostbarsten Menschenrechte. Jeder Bürger kann also frei reden, schreiben und drucken.

1. **In Artikel 2 der Menschenrechte werden vier Grundrechte aufgeführt. Überlege, welche Bedeutung diese Rechte für dich haben (z. B. Freiheit bedeutet für mich ...) und notiere im Heft.**

2. **Recherchiere im Internet zum Grundgesetz der Bundesrepublik Deutschland. Fasse die wichtigsten Grundrechte in eigenen Worten zusammen.**

Artikel 1.1: ____________________

Artikel 2.1: ____________________

Artikel 3.1: ____________________

Artikel 4.1: ____________________

Artikel 5.1: ____________________

3. **Vergleiche die Artikel des Grundgesetzes mit der Erklärung der Menschenrechte. Was fällt dir auf?**

____

____

Eine neue Verfassung

Name: ______________________

Datum: ______________________

Auch nach der Erklärung der Menschenrechte bleiben die Menschen unzufrieden. Während der König im Schloss von Versailles im Luxus lebt, herrschen in Paris Not und Hunger. Am 5. Oktober 1789 ziehen über 5000 Frauen von Paris nach Versailles, um vor dem König zu demonstrieren und auf die katastrophale Ernährungslage aufmerksam zu machen. Ihnen folgen die Nationalgarde und eine riesige Menschenmenge. Um den König besser kontrollieren zu können, zwingen sie ihn, in die Tuilerien, das Stadtschloss von Paris, umzuziehen.

Im Juni 1791 wird die neue Verfassung Frankreichs fertiggestellt. Frankreich wird zu einer konstitutionellen (= verfassungsgemäßen) Monarchie. Der König bleibt zwar Staatsoberhaupt, hat aber weniger Rechte und kann nicht mehr absolut regieren. Er wird durch die Verfassung kontrolliert. Die Macht im Staate ist geteilt. Die Nationalversammlung verfasst als gesetzgebende Gewalt (= Legislative) die Gesetze. Der König, seine Minister und die Beamten sind für die Ausführung der Gesetze (= Exekutive) verantwortlich. Unabhängige Richter (= Judikative) sorgen für eine gerechte Rechtsprechung.

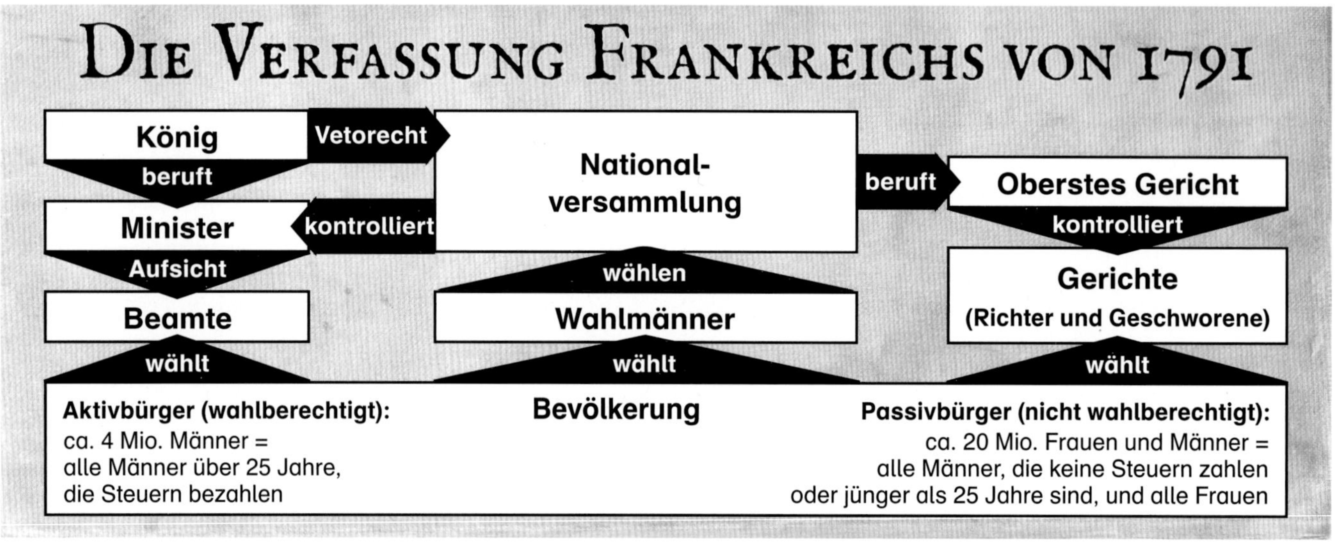

1. Kennzeichen einer modernen Demokratie ist die Gewaltenteilung. Färbe im Verfassungsschema Legislative (grün), Exekutive (gelb), Judikative (blau) ein.

2. Richtig oder falsch? Kreuze an.

	richtig	falsch
Alle Bürger sind bei den Wahlen zur Nationalversammlung wahlberichtigt.		
Der König kontrolliert die Gerichte.		
Der König kann gegen Gesetze Widerspruch (= Veto) einlegen.		

3. Wie sind die Gewalten in der Bundesrepublik Deutschland verteilt? Ordne zu.

Arbeitsgericht | Bundesrat | Bundestag | Bundesverwaltungsgericht | Finanzamt

Kultusminister | Landgericht | Landtag | Polizei | Schulbehörde | Stadtrat | Stadtverwaltung

Legislative: ______________________

Exekutive: ______________________

Judikative: ______________________

„Der König ist tot“ – Frankreich wird Republik

Name: ______________________

Datum: ______________________

1. Setze die Lösungswörter richtig in den Text ein.

Absetzung	Eid	Einschränkungen	Gefangener	Grenze	Nationalversammlung
Revolution	Rückkehr	Staatsoberhaupt	Tode	Volksaufständen	

Auch nach der neuen Verfassung bleibt der König ______________ Frankreichs. Er muss die Macht aber mit der ______________ teilen. Ludwig weigert sich, diese ______________ zu akzeptieren. Er versucht zu fliehen. Auf dem Weg zur deutschen Grenze wird die königliche Kutsche gestoppt und zur ______________ nach Paris gezwungen. Erst als Ludwig einen ________ auf die Verfassung geschworen hat, wird er wieder in sein Amt eingesetzt. Ab jetzt lebt er aber wie ein ______________ in seinem Schloss. Aus Angst vor ______________ im eigenen Land verbünden sich die europäischen Monarchien. Im August 1792 überschreiten ausländische Truppen die ______________ und marschieren auf Paris zu. Überall in Frankreich bricht Empörung aus. Viele Menschen fordern die ______________ des Königs. Als Briefe gefunden werden, in denen Ludwig zur Niederschlagung der ______________ auffordert, kommt es zum Prozess gegen den König. Ludwig wird wegen Landesverrats zum ________ verurteilt und am 21.1.1793 hingerichtet.

Hector Fleischmann: Hinrichtung Ludwig XVI.

Robespierre (Mitglied des Konvents) fordert im Verfahren gegen Ludwig die Todesstrafe:

„Ich verabscheue die Todesstrafe und ich habe für Ludwig weder Hass noch Liebe. Ich verabscheue aber seine Taten. Die Todesstrafe ist im Allgemeinen ein Verbrechen, aber sie ist dann gerechtfertigt, wenn sie für die Sicherheit der ganzen Gesellschaft notwendig ist. Es ist besser, dass Ludwig stirbt als 100.000 unschuldige Bürger. Ludwig muss sterben, weil das Vaterland leben muss.“

Zitiert nach: Fischer, P.: Reden der Französischen Revolution, München 1974, S. 250, sprachlich vereinfacht

2. Nenne Gründe für den Prozess gegen Ludwig XVI.

____

____

____

3. Warum fordert Robespierre die Todesstrafe für König Ludwig?

____

____

____

4. Bewerte die Argumente Robespierres.

____

____

____

Revolutionskriege

Name: ______________________

Datum: ______________________

Nach dem Angriff auf Frankreich und ersten Erfolgen der preußischen und österreichischen Truppen melden sich überall im Land Freiwillige, um im französischen Revolutionsheer die Errungenschaften der Revolution zu verteidigen. Bei ihrem Marsch durch Paris singen sie die Marseillaise, ein Lied, das später zur Nationalhymne Frankreichs wird. Im September 1792 werden die angreifenden Söldnerheere bei Valmy besiegt. Doch dieser Erfolg ist von kurzer Dauer. Nach der Hinrichtung Ludwigs treten weitere Königreiche, wie England und Spanien, in den Krieg gegen die Revolution ein. Um gegen die Angreifer bestehen zu können, ruft der Nationalkonvent 1793 die Wehrpflicht aus. Alle Männer im Alter von 18 bis 25 Jahren werden in die Armee eingezogen. Das französische Revolutionsheer ist jetzt den Söldnern der europäischen Fürsten zahlenmäßig überlegen. Ihren Mangel an Kampferfahrung gleichen die Wehrpflichtigen durch Patriotismus im Kampf für die Freiheit aus. Im Frühjahr 1794 werden alle Angreifer zurückgeschlagen und darüber hinaus Landgebiete in Deutschland und Belgien erobert.

Früher Druck der Marseillaise aus dem Jahr 1792

Die Marseillaise (Französische Nationalhymne seit 1795)

Übersetzung der ersten Strophe:

Auf, Kinder des Vaterlands,
Der Tag des Ruhmes ist gekommen!
Gegen uns Tyrannei,
Das blutige Banner ist erhoben. (2x)
Hört ihr auf den Feldern
Diese wilden Soldaten brüllen?
Sie kommen bis in eure Arme,
Um euren Söhnen, euren Gefährtinnen
die Kehlen durchzuschneiden.

Refrain:

Zu den Waffen, Bürger,
Formt eure Truppen,
Marschieren wir,
marschieren wir!
Unreines Blut
Tränke unsere Furchen!

Quelle: http://de.wikipedia.org/wiki/Marseillaise

1. **Höre dir ein Tondokument mit der Musik und dem französischen Originaltext der Marseillaise an. Recherchiere dazu im Internet, z. B. unter www.bpb.de.**

2. **Welche Stimmung soll durch Musik und Text erzeugt werden? Beschreibe.**

____

3. **Gib den Text des Liedes mit eigenen Worten wieder. Welche Wirkung hatte der Text zu seiner Entstehungszeit?**

____

____

Optischer Telegraf

Name: ______________________

Datum: ______________________

In den Revolutionskriegen stehen Frankreich Truppen aus Österreich, Preußen, Spanien, Portugal und England gegenüber. Um Befehle aus der Hauptstadt schnell an die eigenen Truppen zu übermitteln, werden überall im Land optische Telegrafentürme errichtet. Durch bewegliche Signalarme können Informationen schneller weitergeleitet werden als durch Boten auf Pferden.

Telegrafenstation 1794

1. Baut mithilfe der Zeichnung ein Modell eines optischen Telegrafen.

Material:
7 Holzleisten (1 à 1,50 m, 2 à 35 cm, 4 à 15 cm), 8 Unterlegscheiben, 4 Schrauben, 4 Schraubenmuttern, Hammer und Nägel

Wichtig:
Die Leisten des Telegrafenkreuzes sind starr. Sie werden genagelt und verklebt. Die Leisten an den Enden des Telegrafenkreuzes müssen beweglich sein. Hier werden Schrauben, Muttern und Unterlegscheiben benutzt. Die Verbindung muss so fest sein, dass eingestellte Zeichen nicht verrutschen.

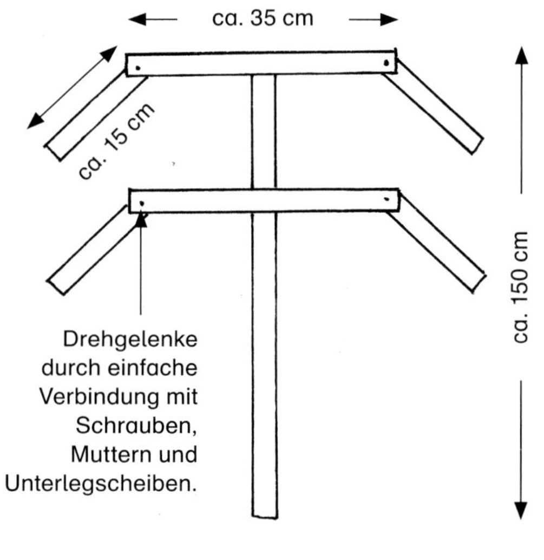

Telegrafenalphabet:

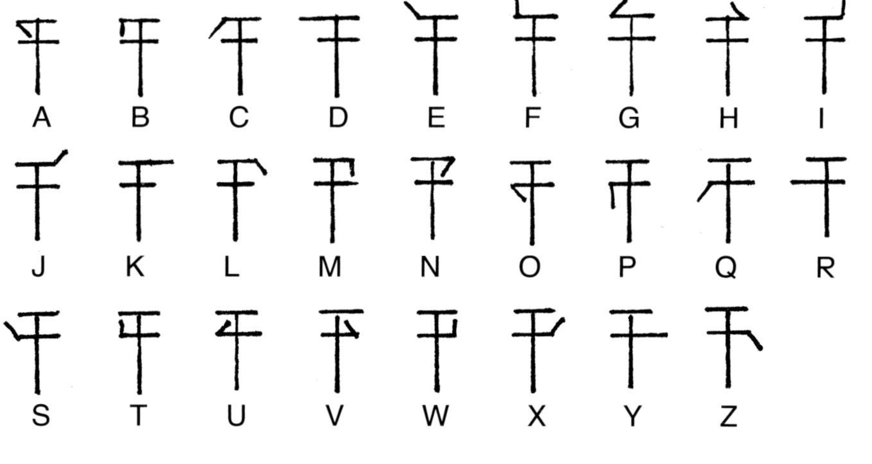

2. Übermittelt eine Nachricht: Einigt euch zuerst auf den Wortlaut der Nachricht. Übertragt dann alle Buchstaben in das Telegrafenalphabet.

Beispiel: D E R K R I E G I S T V O R B E I

3. Bewerte die Effizienz des Verfahrens.

____

____

____

____

Herrschaft des Schreckens

Name: ______________________

Datum: ______________________

1. Setze die Lösungswörter richtig in den Text ein.

Aufstand | Bauern | Bürger | Fallbeil | Gefängnisstrafen | Höchstpreise | Hunger | Lebensmittel | Partei | Revolution | Strafen | Terror

1793, im vierten Jahr der ________________, herrscht in Paris noch immer ________________. Besonders betroffen sind Arbeiter und Handwerker. Weil sie keine Kniebundhosen und Strümpfe wie die reichen ________________ tragen, werden sie Sansculotten (übersetzt = ohne Kniebundhosen) genannt. Am 31.05.1793 beginnt der ________________ des Volkes. Mehr als 50 000 bewaffnete Sansculotten fordern niedrige Brotpreise und harte ________________ für Händler, die ________________________________ horten oder zu Wucherpreisen verkaufen. Die Partei der radikalen Jakobiner unter Robespierre unterstützt die Forderungen der Sansculotten. Sie setzt ________________________ für Lebensmittel fest. Der Landbesitz des Adels wird enteignet und landlosen ________________ übertragen. Um die Revolution erfolgreich fortzuführen, erklärt Robespierre den ________________ zum Mittel der Politik. Gegner der Revolution werden durch Schnellgerichte, sogenannte Revolutionstribunale, zum Tode oder langjährigen ________________________ verurteilt. Die Schreckensherrschaft der Jakobiner dauert von Mitte 1793 bis Mitte 1794. Als auch Mitglieder der eigenen ________________ verfolgt und hingerichtet werden, schließen sich die Abgeordneten gegen Robespierre zusammen. Am 27.7.1794 wird er verhaftet und einen Tag später unter dem ________________ hingerichtet.

Émile Wattier: Sansculotten (1842)

2. Erläutere den Begriff „Schreckensherrschaft".

____

____

____

3. Mit welchem Ziel erklärt Robespierre den Terror zum Mittel der Politik?

____

____

4. Kann Terror Mittel der Politik sein? Bewerte die Einstellung Robespierres.

____

____

____

Napoleon beendet die Revolution

Name: ____________________

Datum: ____________________

1. Setze die Lösungswörter richtig in den Text ein.

Frankreich	General	Kaiser	Militärs	Militärschule	Nachbarstaaten
Niedergang	Offizier	Preußen	Revolution	Truppen	Verbannung

Jean-Baptiste Isabey: Napoleon I. vor dem Schloss von Malmaison

Zwanzig Jahre vor dem Beginn der Französischen ______________, am 15. August 1769 wird auf Korsika Napoleon Bonaparte geboren. Er ist das vierte von insgesamt zwölf Kindern von Carlo und Letizia Bonaparte. Von 1779 bis 1785 besucht der junge Napoleon eine ______________________ und wird schon im Alter von 16 Jahren zum ________________ ernannt. 1793 stellt sich Napoleon in den Dienst der Revolutionsarmeen. Er wird noch im gleichen Jahr zum ________________ befördert und 1796 zum Oberbefehlshaber der französischen Truppen in Italien, mit denen er große Teile von Oberitalien besetzt. Ein weiterer erfolgreicher Krieg gegen Ägypten folgt. 1799 setzt der von den Bürgern als Kriegsherr verehrte Napoleon mit Unterstützung des _____________ die Revolutionsregierung ab und macht sich selbst zum Alleinherrscher Frankreichs. Am 2. Dezember 1804 krönt er sich selbst zum _____________ Frankreichs. Die Revolution ist beendet, ___________________ wieder zu einer Monarchie geworden und Napoleon auf dem Gipfelpunkt seiner Macht. Während seiner Herrschaft führt Napoleon zahlreiche Kriege gegen die ______________________. Weite Teile Mitteleuropas werden von französischen Soldaten besetzt. Der Rückzug aus Spanien (1809) und die Niederlage der französischen Truppen in Russland (1812) leiten den __________________ Napoleons ein. In der Völkerschlacht bei Leipzig (1813) unterliegt er den Truppen von England, Russland, Österreich und _____________. Napoleon muss abdanken und in die ____________________ nach Elba gehen. Obwohl es ihm gelingt, von der italienischen Insel zu fliehen und in Frankreich noch einmal ________________ anzuwerben, kann der Niedergang nicht verhindert werden. Im Juni 1815 wird Napoleon bei Waterloo endgültig besiegt und auf die kleine englische Insel Sankt Helena im Südatlantik verbannt, wo er am 15. Mai 1821 stirbt.

2. Markiere im Text wichtige Ereignisse im Leben Napoleons.

3. Erstelle einen tabellarischen Lebenslauf. Benutze dazu ein Extrablatt. Füge ein Bild Napoleons ein. Recherchiere private Daten zu Heirat und Kindern und ergänze sie im Lebenslauf.

Napoleon Bonaparte
Geburtstag und Ort:
Eltern:
Ehefrau und Kinder:
Wichtige Stationen im Leben:
Todestag und Ort:

Aufstieg und Fall Napoleons

Name: ______________________

Datum: ______________________

Eine deutsche Karikatur aus dem Jahre 1814 zeigt den Aufstieg und Fall Napoleons.

1. Ordne die Ereignisse aus der Biografie Napoleons den Stufen der Karikatur zu.

Napoleon setzt die Regierung ab und wird zum alleinigen Herrscher.	Napoleon besucht die Militärschule und wird Offizier.	Glücksritter – Aufstieg zum General und Verlust des Postens nach dem Sturz Robespierres.	Napoleon erleidet eine verheerende Niederlage gegen Russland.	Napoleon stirbt in der Verbannung auf der Insel St. Helena.

Napoleon wird General der Revolutionskriege und Oberbefehlshaber der Armee in Italien.	Geburt und Kindheit auf Korsika.	Napoleon krönt sich selbst zum Kaiser von Frankreich.	Napoleons Truppen müssen Spanien verlassen.	Niederlage in der Völkerschlacht bei Leipzig und Flucht aus Deutschland.

2. Wie bewertet der Zeichner der Karikatur die Leistungen Napoleons? Was wünscht er ihm?

____

____

____

____

Rolf Breiter/Karsten Paul: Geschichte handlungsorientiert: Neuere Geschichte

Vorwissen und Fragen zum Thema

Name: ______________________

Datum: ______________________

1. Was weißt du schon? Notiere deine Ideen zum Thema „Die Industrielle Revolution – Technologischer Wandel verändert die Welt“ in den Gedankenblasen.

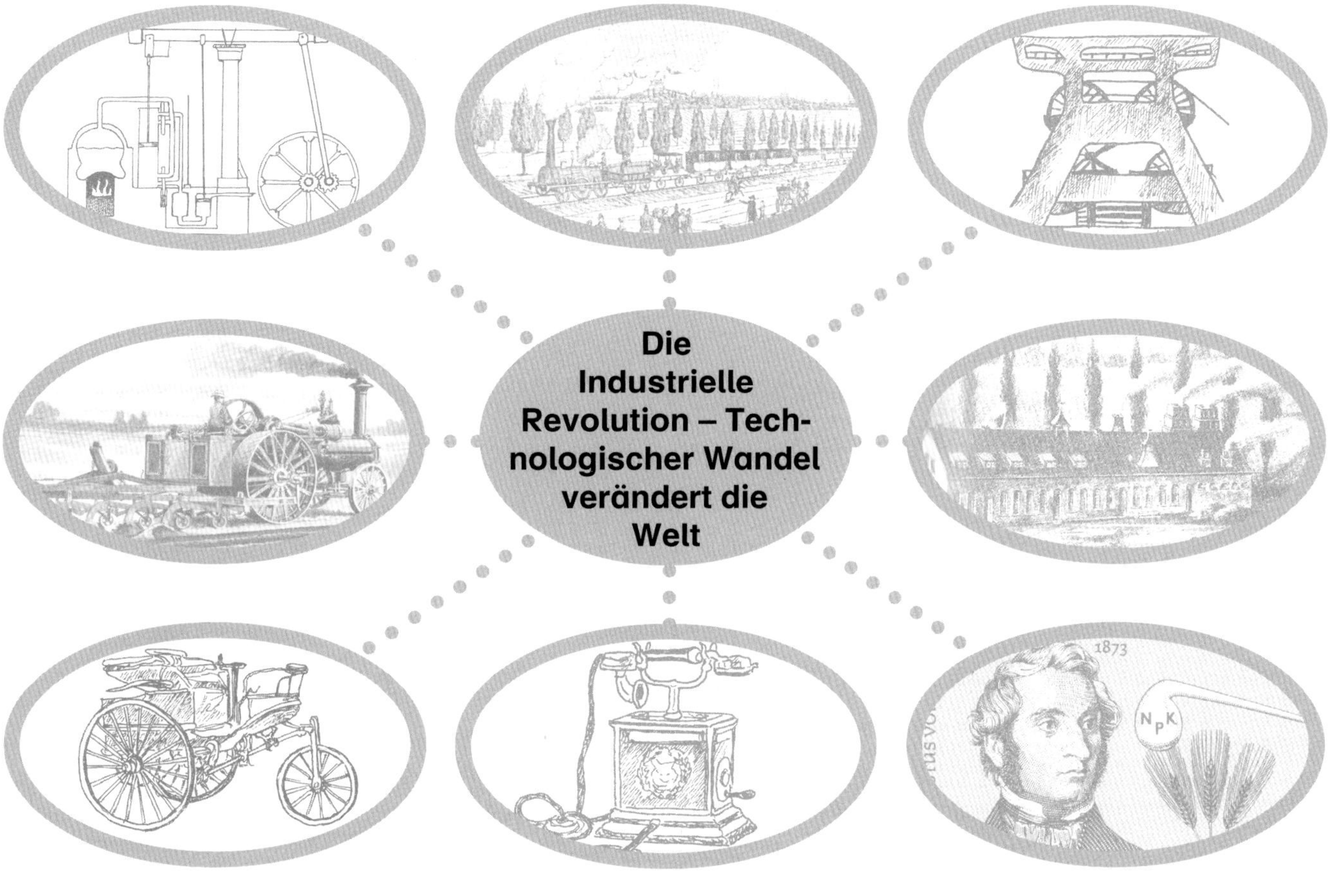

2. Was möchtest du erfahren? Formuliere Fragen zum Thema.

- ____?
- ____?
- ____?
- ____?
- ____?
- ____?

Eine Maschine verändert die Welt

Name: ______________________

Datum: ______________________

1. **Schneide die Puzzleteile aus, setze sie zusammen und klebe sie auf ein Blatt Papier.**

2. **Beschreibe das Bild. Welche Gegenstände sind abgebildet? Welche Funktion könnten sie haben?**

____

____

____

____

____

3. **Warum verändert die Erfindung der Dampfmaschine die Welt? Recherchiere im Internet.**

____

____

____

____

____

Rolf Breiter/Karsten Paul: Geschichte handlungsorientiert: Neuere Geschichte

Die Dampfmaschine – Funktion und Verbreitung

Name: ______________________

Datum: ______________________

Schon um 1710 werden in England erste Dampfmaschinen gebaut und zum Abpumpen von Wasser in Bergwerken eingesetzt. 1767 verbessert James Watt die Funktion der Dampfmaschine erheblich und verhilft der Erfindung so zum Durchbruch in vielen Bereichen der Produktion. Die Dampfmaschine wandelt Wärmeenergie in mechanische Arbeit um. Dazu wird in einem *Dampfkessel* Wasser erhitzt. Der Dampf gelangt durch *Dampfzuleitung* in den *Dampfzylinder* und bewegt dort den *Kolben* auf und ab. Die Bewegung des Kolbens wird auf den *Balancierbalken* übertragen und mithilfe des *Antriebsrades* in eine Drehbewegung verwandelt. Durch diese Drehbewegung kann eine Vielzahl von Arbeitsmaschinen angetrieben werden.

1. Übertrage die im Text unterstrichenen Begriffe in die Zeichnung.

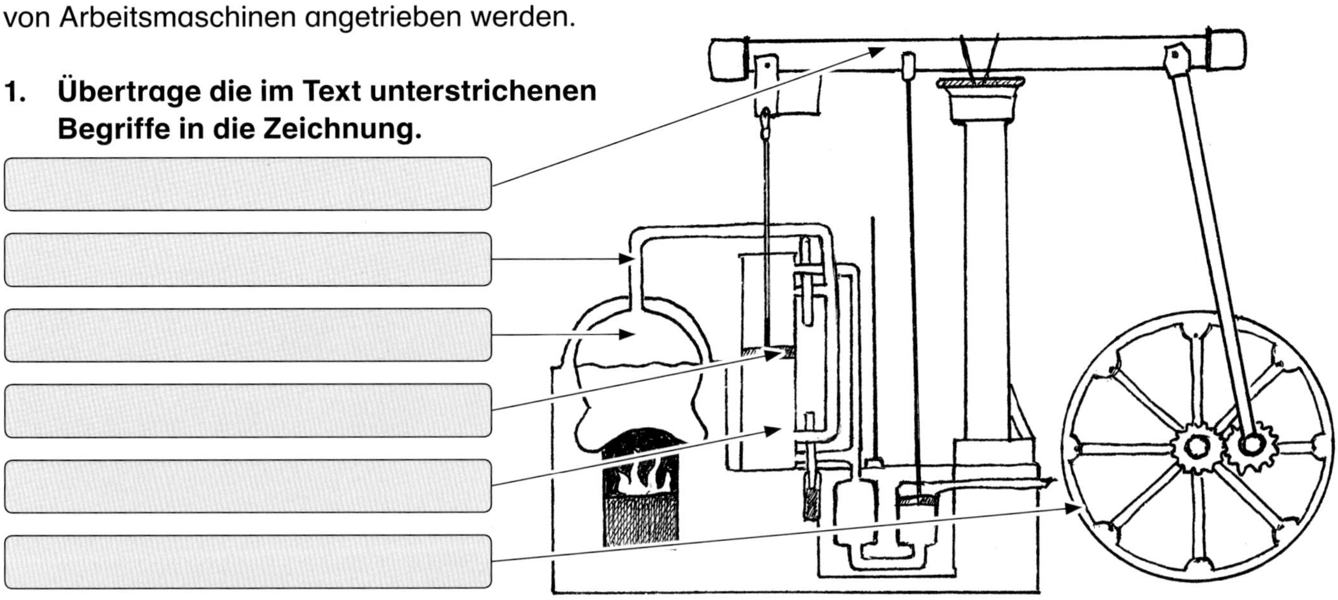

2. Stelle die Anzahl der Dampfmaschinen in einem Balkendiagramm dar.

	1840	1850	1860	1870	1880
England	600	1200	2500	4000	7500
Deutschland	50	300	900	2500	5100

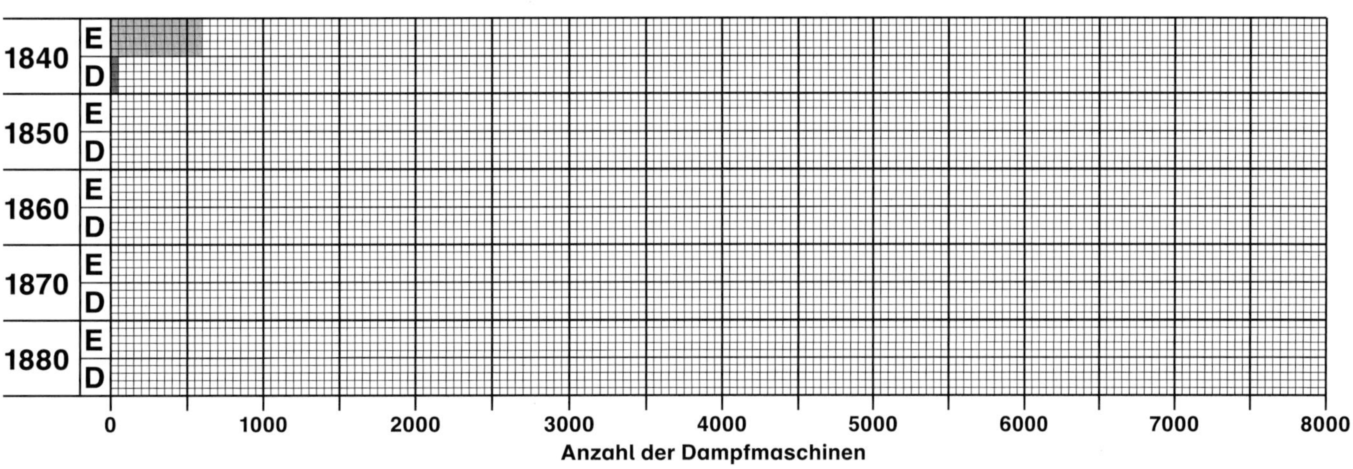

3. Beschreibe, welche Entwicklung das Diagramm zeigt.

____

____

____

Die erste Eisenbahn

Name: ____________

Datum: ____________

Die Dampfmaschine als Antriebskraft ist die Geburtsstunde der Eisenbahn. Einfallsreiche Erfinder, wie der Engländer George Stephenson, setzen eine Dampfmaschine auf Räder und lassen sie auf Schienen fahren. Am 7.12.1835 wird die erste Eisenbahnstrecke Deutschlands eröffnet. Da man zu diesem Zeitpunkt im eigenen Land keine Dampflokomotiven produzieren kann, wird die von Stephenson entwickelte und in England gebaute „Rocket" samt englischem Lokomotivführer importiert und per Schiff und Pferdefuhrwerk nach Nürnberg gebracht.

Aus dem Bericht einer Stuttgarter Zeitung vom Dezember 1835:

Schon um sieben Uhr machte sich Nürnberg zu Fuß, zu Pferd und zu Wagen auf den Weg, um zur rechten Zeit an Ort und Stelle zu sein. Gegen acht Uhr waren bereits die meisten Aktionäre und Direktoren sowie die zu der Feierlichkeit eingeladenen Gäste von nah und fern versammelt. Man betrachtete lange Zeit den soliden Bau der Bahn, die elegant gebauten Passagierwagen, neun an der Zahl. Die höchste Aufmerksamkeit widmete man dem Dampfwagen selbst, an welchem jeder viel Ungewöhnliches und Rätselhaftes zu bemerken hatte. [...] Die Landwehrmusik verkündigte den Beginn der Feierlichkeit. Auf einer Bühne waren die eingeladenen Repräsentanten hiesiger Behörden und andere ausgezeichnete Gäste versammelt. [...] Nach der Festrede des Bürgermeisters, die auf die Bedeutung der Eisenbahn für Bayern und über ganz Deutschland hinwies, wurde Seiner Majestät, dem Könige, ein Lebehoch gebracht. Hierauf begann die erste Fahrt in den mit Fahnen geschmückten Wagen. Alle neun Wagen waren angefüllt und mochten etwa zweihundert Personen fassen. Die erste Fahrt auf der 6 Kilometer langen Strecke war in 9 Minuten beendet.

Vereinfacht und gekürzt nach: Ebeling, H.: Die Reise in die Vergangenheit, Braunschweig 1987, S. 231 und www.fr- online.de/panorama/heute-vor-175-jahren-eroeffnung-der-eisenbahn-zwischen-nuernberg-und-fuerth,1472782,4900914.html

Aus einem ärztlichem Gutachten 1838:

Die schnelle Bewegung muss bei den Reisenden unfehlbar eine Gehirnkrankheit, eine besondere Art des delirium furiosum erzeugen. Wollen aber dennoch Reisende dieser grässlichen Gefahr trotzen, so muss der Staat wenigstens die Zuschauer schützen, denn sonst verfallen diese beim Anblick des schnell dahinfahrenden Dampfwagens genau derselben Gehirnkrankheit. Es ist daher notwendig, die Bahnstelle auf beiden Seiten mit einem hohen Bretterzaun einzufassen.

Aus: Schade, P./Stark, H.-J.: Geschichte in der Gegenwart, Köln 2012, S. 162

1. **Berechne aus den Angaben des Textes die Durchschnittsgeschwindigkeit der ersten Eisenbahn:** Sie beträgt ca. ________ km/h.
2. **Erstelle ein Album mit Bildern und Daten zu verschiedenen Dampf- und Elektrolokomotiven. Recherchiere dazu im Internet.**
3. **Nicht alle Menschen waren mit der Einführung der Eisenbahn einverstanden. Sammle Pro- und Kontraargumente.**

pro	kontra

Eisenbahnstrecken in Deutschland

Name: ______________________

Datum: ______________________

1. Markiere die ersten Eisenbahnstrecken gut sichtbar mit roten Linien in der Karte.

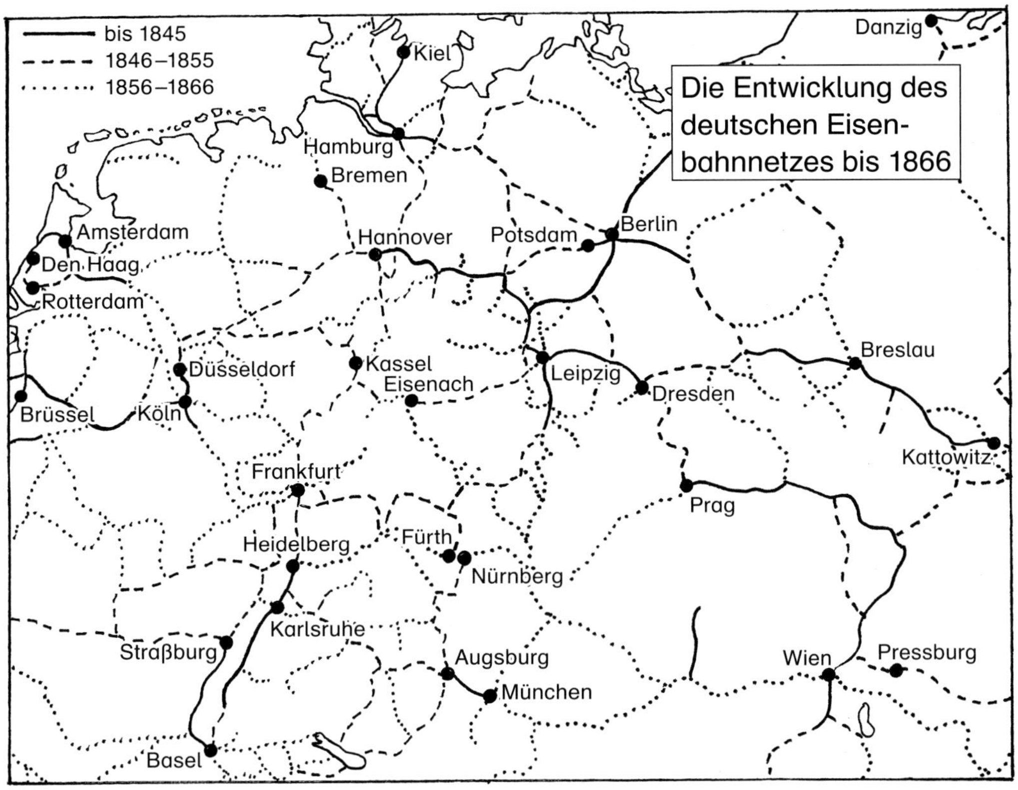

Erste Eisenbahnstrecken Deutschlands:

1835:
Nürnberg – Fürth

1838:
Berlin – Potsdam

1838:
Braunschweig – Wolfenbüttel

1839:
Leipzig – Dresden

1840:
München – Augsburg

2. Recherchiere im Internet und ergänze die in der Tabelle fehlenden Angaben.

Quelle: Bakeberg, C./Eck, G. u. a.: Terra 7/8, Stuttgart 2007, S. 182

	um 1800: Postkutsche	um 1900: Eisenbahn	heute: ICE
Berlin – Dresden	25 Std.	3 Std.	________ Std.
Berlin – Hamburg	35 Std.	5 Std.	________ Std.
Berlin – Frankfurt/M.	65 Std.	10 Std.	________ Std.

3. Stelle die Daten in einem Balkendiagramm dar.

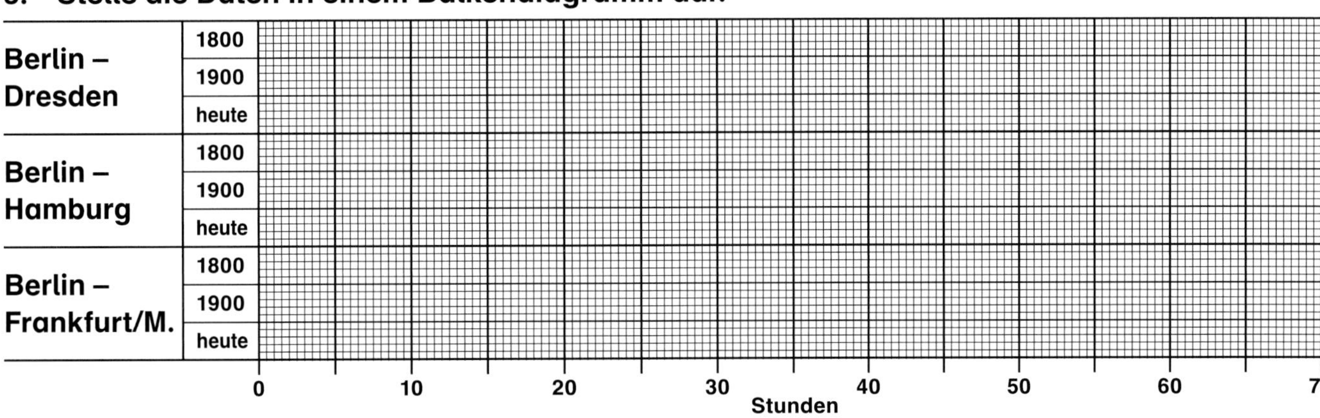

4. Bewerte die Bedeutung der Eisenbahn für die Industrialisierung.

____

____

Eisen und Stahl – Rohstoffe der Industrialisierung

Name: ______________________

Datum: ______________________

Der Bau von Maschinen und Eisenbahntrassen erhöhte den Bedarf an Produkten aus Eisen und Stahl. Zur Erzeugung von Eisen und Stahl wird das im Erzbergwerk gewonnene Erz zur Erzaufbereitung geschickt. Gleichzeitig muss der Kohle aus den Kohlebergwerken in der Kokerei der für die Stahlerzeugung schädliche Schwefel entzogen werden.

Erz und Koks kommen zum Schmelzvorgang in den Hochofen. Das Roheisen wird in den Eisengießereien oder in Stahl- und Walzwerken weiterverarbeitet. Die Eisengießereien fertigen daraus Kessel, Röhren oder Maschinenteile. In den Stahl- und Walzwerken werden Eisenbahnschienen, Stahlträger und -platten oder Drähte hergestellt.

1. Übertrage die Begriffe aus dem Text in das Schaubild und ergänze die fehlenden Pfeile.

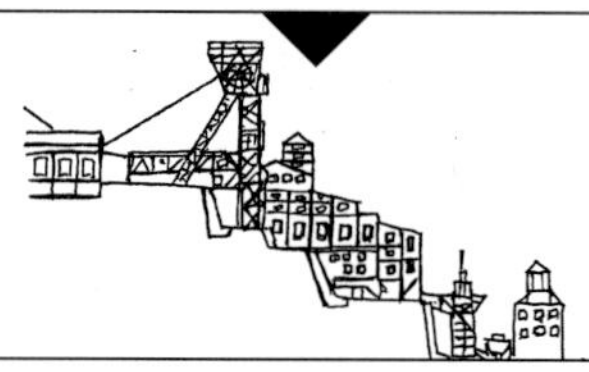

Koks

aufbereitetes Erz

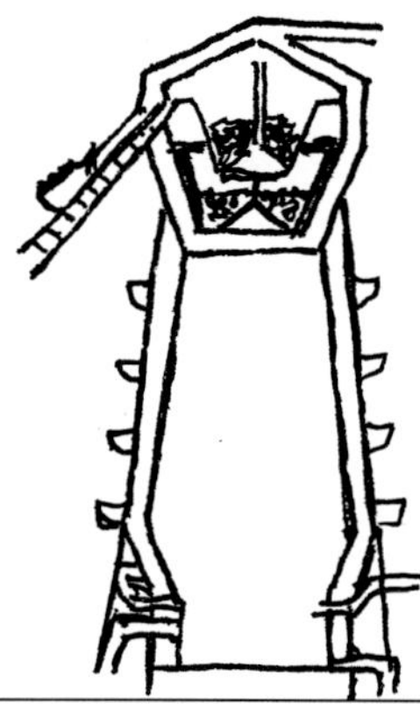

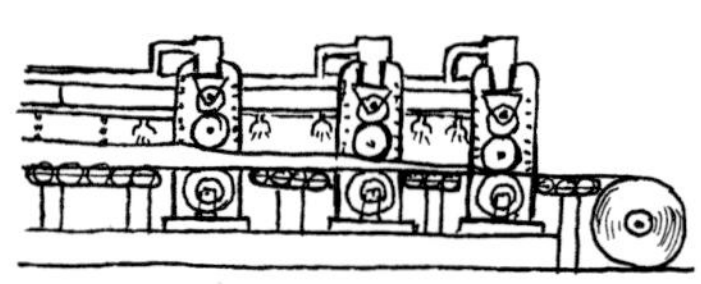

Roheisen

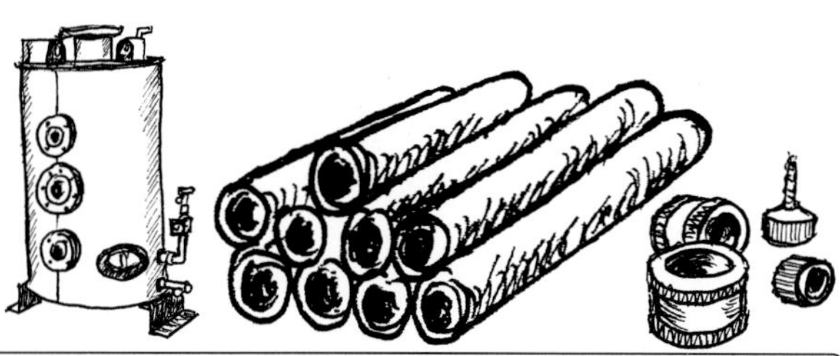

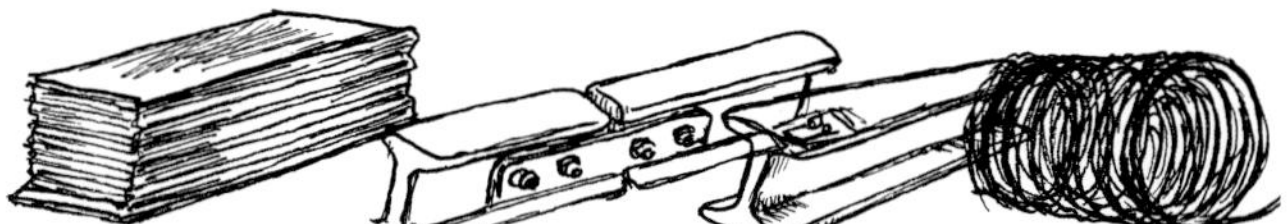

2. „Ohne Kohle kein Stahl, ohne Stahl keine Maschinen, ohne Maschinen keine Eisenbahn." Bewerte und begründe die Aussage.

____

____

____

Rolf Breiter / Karsten Paul: Geschichte handlungsorientiert: Neuere Geschichte

Das Ruhrgebiet – Zentrum der Industrialisierung

Name: ______________________

Datum: ______________________

Das Ruhrgebiet wird zum Zentrum der Industrialisierung in Deutschland, weil es über die Rohstoffe Kohle und Eisenerz gleichermaßen verfügt.

Überall entstehen neue Hochöfen und Industrieanlagen, die das Roheisen weiterverarbeiten. Die Zahl der Arbeitsplätze wächst rasant. Landarbeiter werden angeworben und ziehen in die industriellen Zentren. Die Einwohnerzahlen der Ruhrgebietsstädte Dortmund, Bochum oder Essen verdoppeln sich nach wenigen Jahren. In einem Zeitraum von ca. 50 Jahren wird aus dem landwirtschaftlich geprägten Gebiet zwischen den Flüssen Lippe, Ruhr und Rhein ein industrieller Ballungsraum.

Entwicklung der Kruppwerke in Essen

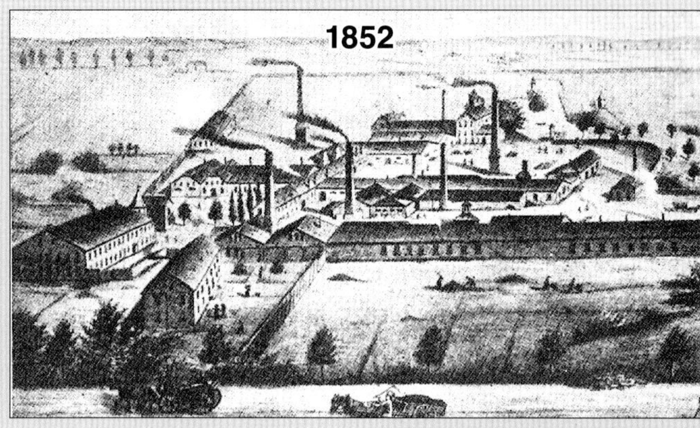

1. Beschreibe in Stichworten die Bilder zur Entwicklung der Kruppwerke.

Bild 1: ______________________

Bild 2: ______________________

Bild 3: ______________________

2. Beschreibe und bewerte die Folgen dieser Entwicklung für die Stadt Essen. Denke dabei auch an den Aufbau von Infrastruktur, wie Straßenbau oder ärztliche Versorgung.

____

____

____

____

Industrialisierung und Umwelt

Name: ______________________

Datum: ______________________

1. Setze die Lösungswörter richtig in den Text ein.

Abfälle | Gebäuden | Grundwasserspiegel | Hochöfen | Holz | Industrieanlagen | Kohle | Lärmbelästigung | Landschaft | Schwefeldioxid | Stahlverarbeitung | Stollen

Karl Eduard Biermann: Borsigwerke in Berlin (1847)

Die Industrialisierung verändert die ______________________. Es entstehen großflächig ______________________ und Bergwerke, wo vorher Ackerflächen landwirtschaftlich genutzt wurden. Die ______________ wird aus großer Tiefe gefördert; das Grundwasser aus den Schächten gepumpt. Dadurch sinkt der ______________________. Wälder werden abgeholzt, weil man __________ zum Abstützen der ____________ benötigt. Immer neue Bergwerke und Fabrikanlagen für Eisen- und ______________________ entstehen. Rauchende Schlote, ______________________, Schächte und Abraumhalden prägen das Bild der Umwelt. Folge der Industrialisierung sind Umweltschäden, Umweltverschmutzung und ______________________. Böden werden versiegelt. Abwässer und ______________ aus den Fabriken vergiften den Boden. Das bei der Verbrennung entstehende ______________________ verschmutzt die Luft. In Regionen, in denen Kohle und Erze abgebaut wurden, kommt es zu großen Schäden an ______________ durch Bodenabsenkung.

2. Im Text sind Beispiele für Landschaftsveränderung und Umweltprobleme aufgeführt. Notiere.

____

____

____

3. Informiere dich über den Strukturwandel im Ruhrgebiet und beschreibe die heutige Situation.

____

____

____

4. Nenne aktuelle Umweltbelastungen und die Auswirkungen auf den Menschen.

____

____

Wandel in der Landwirtschaft

Name: ______________________

Datum: ______________________

Im 19. Jahrhundert wächst die Bevölkerung Deutschlands schnell an. Um die Menschen zu ernähren, müssen die Ernteerträge gesteigert werden.

1. Stelle die Bevölkerungszahlen in einem Säulendiagramm dar.

Bevölkerungswachstum Deutschlands in Millionen:

1500	1600	1700	1800	1900
12	15	15	23	56

Nach: Ebeling, H.: Die Reise in die Vergangenheit 3, Braunschweig 1978, S. 167

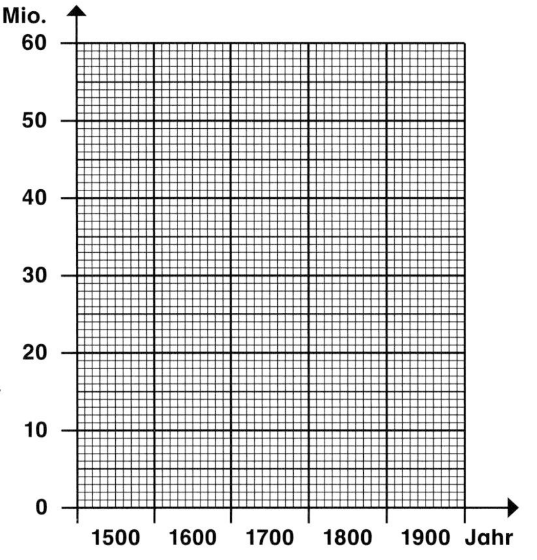

Der Wissenschaftler Albrecht Thaer findet heraus, dass durch eine verbesserte Fruchtwechselwirtschaft und neue Kulturpflanzen die Bodenfruchtbarkeit erhöht wird. Er wird damit zum Begründer der modernen Agrarwissenschaft. Statt der bisher praktizierten Brache kann nun die gesamte Ackerfläche im Wechsel mit Sommergetreide, Wintergetreide, Klee (als Futterpflanze) und Hackfrüchten zum Anbau genutzt werden.

2. Beschreibe die Erkenntnis von Albrecht Thaer.

____

____

3. Stelle die Fruchtwechselwirtschaft nach Albrecht Thaer dar.

Abfolge	Feld 1	Feld 2	Feld 3	Feld 4
1. Jahr	Sommergetreide	Wintergetreide	Klee	Hackfrucht
2. Jahr	Wintergetreide			
3. Jahr				
4. Jahr				

Der Chemiker Justus von Liebig verbessert die Nutzung der Ackerflächen Mitte des 19. Jahrhunderts weiter. Seine Entdeckung zusätzlicher Nährstoffe durch künstliche Düngung mit Kali, Kalk oder Phosphor führt zu besseren Ernteerträgen und zur Produktionssteigerung.

Produktion von Getreide und Kartoffeln (in 10 000 t)

Jahr	Weizen	Roggen	Gerste	Kartoffeln
1810	39,2	179,8	89,5	93,0
1840	68,2	285,7	112,9	617,0
1900	383,2	857,5	300,6	4059,2

Aus: Kniesewetter, H.: Industrielle Revolution in Deutschland, Stuttgart 2004, S. 153

4. Wodurch gelang es Justus von Liebig, die Ernteerträge weiter zu steigern?

____

Dampfmaschinen in der Landwirtschaft

Name: ____________________

Datum: ____________________

Technischer Fortschritt und Maschineneinsatz machen die Arbeit effektiver und führen zu einer Rationalisierung in der Landwirtschaft.
Vor der Erfindung der Dampfmaschine wurde das Getreide mit dem Dreschflegel gedroschen. Diese Arbeit war mühselig und langwierig. Jetzt ersetzt die Dreschmaschine die Handarbeit mit dem Dreschflegel. In wesentlich kürzerer Zeit wird mehr Getreide gedroschen. Aufgrund der Größe und ihres Gewichtes werden Dampfmaschinen nur selten als Traktoren genutzt. Einen Schub erhält die Traktortechnik durch die Erfindung des Dieselmotors. Dieser ist wesentlich kleiner und von daher besser in Fahrzeugen und mobilen Maschinen einsetzbar.

Dampftraktor zieht Pflug

Dampftraktor

1. Welche Aufgaben erfüllt die Dampfmaschine in der Landwirtschaft?

____

____

____

2. Wie wird die Kraft der Dampfmaschine auf andere Maschinen übertragen?

____

____

____

3. Welche Vorteile bietet der Einsatz von Maschinen gegenüber dem Einsatz von Arbeitstieren?

____

____

____

4. Informiere dich über die gegenwärtige Automatisierung und Rationalisierung in der Landwirtschaft am Beispiel der Getreideernte.

____

____

____

____

Erfindungen verändern die Welt

Name: ______________________

Datum: ______________________

Ein Merkmal des Industriezeitalters ist die große Anzahl von Erfindungen, die den technologischen Fortschritt ermöglichten.

1. Recherchiere im Internet und ergänze die fehlenden Daten der Informationstafeln.

2. Ordne die Erfindungen dem Zeitstrahl zu.

Dampfmaschine
1769
James Watt

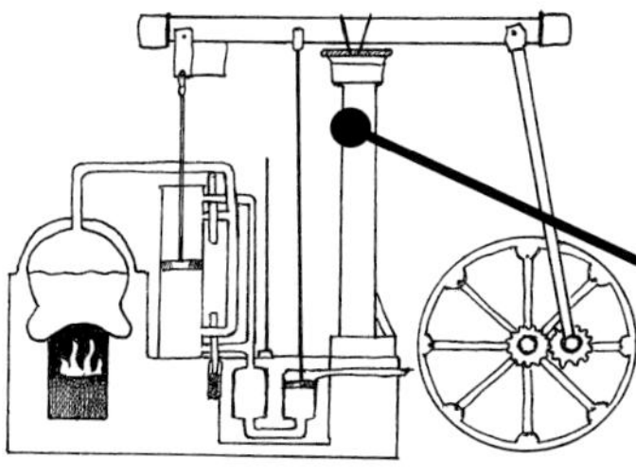

Spinnmaschine

Automobil

Dampflokomotive

Glühlampe

Telefon

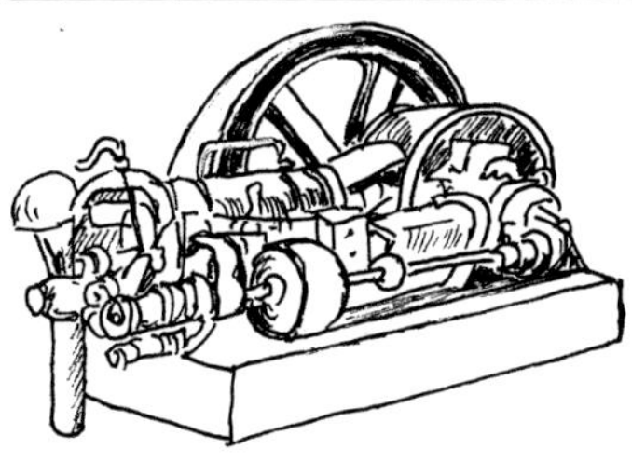

Dieselmotor

Dampfschiff

Motorflugzeug

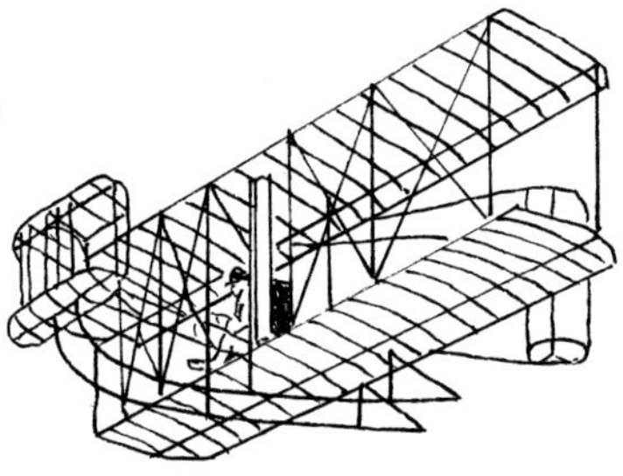

Elektrischer Telegraf

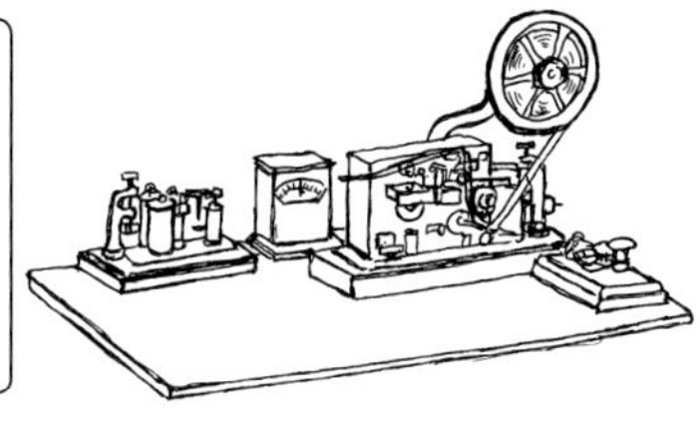

Zeitstrahl: 1750 – 1760 – 1770 – 1780 – 1790 – 1800 – 1810 – 1820 – 1830 – 1840 – 1850 – 1860 – 1870 – 1880 – 1890 – 1900

3. Richtig oder falsch? Kreuze an.

	richtig	falsch
Das Dampfschiff wurde vom Engländer Robert Fulton erfunden.		
1917 starteten die Gebrüder Wright den ersten Motorflug.		
Die Erfindung des Telefons geht auf Philipp Reis zurück.		
Henry Ford hat das Auto erfunden.		

Der Morsetelegraf – Ein Experiment zur Nachrichtenübermittlung

Name: ______________________

Datum: ______________________

1837 wurde von Samuel Morse der erste Schreibtelegraf in Betrieb genommen. Der Morsetelegraf besteht aus einem Sender mit Stromquelle und einem Empfänger. Durch das Drücken der Morsetaste am Sender wird ein elektrischer Impuls durch die Leitung zum Empfänger geschickt. Dieser besteht aus einem Elektromagneten, der im Takt der Impulse einen Schreibstift anzieht. Je nachdem, wie lange der Stromkreis geschlossen war, zeichnet der Stift Punkte und Striche auf einen Papierstreifen. Diese werden mithilfe einer Tabelle in Buchstaben übersetzt.

Morse-Alphabet

(Punkt = kurz blinken, Strich = lang blinken.)

a •–	ä •–•–	b –•••	c –•–•	ch ––––	d –••	e •	f ••–•	g ––•	h ••••
i ••	j •–––	k –•–	l •–••	m ––	n –•	o –––	ö –––•	p •––•	q ––•–
r •–•	s •••	t –	u ••–	ü ••––	v •••–	w •––	x –••–	y –•––	z ––••
1 •––––	2 ••–––	3 •••––	4 ••••–	5 •••••	6 –••••	7 ––•••	8 –––••	9 ––––•	0 –––––
Verstanden •••–•••					Schlusszeichen •–•–•				

1. Übertrage in das Morsealphabet.

S	e	n	d	e	r

2. Übersetze aus dem Morsealphabet.

•••	–	•–	–	••	–––	–•

3. Baut einen einfachen Morsetelegrafen und übermittelt damit eigene Nachrichten.

Das Prinzip der Morsetelegrafie kann in einem einfachen Experiment simuliert werden. Dazu soll eine Nachricht von einem Raum in einen anderen Raum übertragen werden. Als Sendestation benötigt ihr einen einfachen Tastschalter aus dem Physikraum und eine Batterie als Stromquelle. Als Empfangsstation kommt anstelle des Elektromagneten eine Glühlampe mit Fassung zum Einsatz. Beide Stationen werden mit Klingeldraht „verkabelt". Beim Drücken des Schalters schließt sich der Stromkreis. Durch langes bzw. kurzes Drücken des Schalters werden die Morsezeichen „Strich" und „Punkt" simuliert.

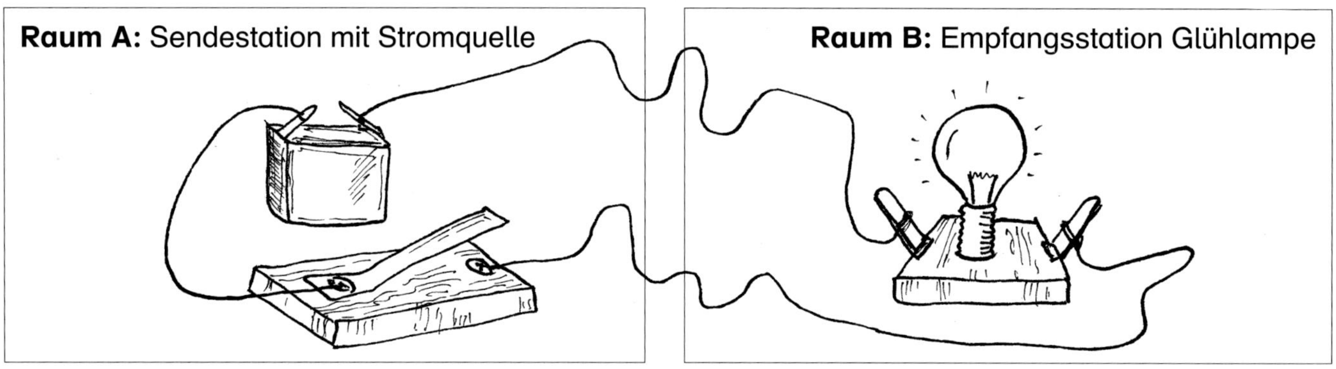

Auftrag Sendestation:
Denkt euch ein Wort aus.
Übertragt das Wort in den Morsecode.

Auftrag Empfangsstation:
Notiert genau die Zeichen, die ihr empfangt.
Überträgt den Morsecode in ein Wort.

4. Welche Vorteile bot der elektrische Telegraf gegenüber einem berittenen Boten?

____

____

____

Vorwissen und Fragen zum Thema	Name: ________________ Datum: ________________

1. Was weiβt du schon? Notiere deine Ideen zum Thema „Die soziale Frage – Armut, Ausbeutung und Kinderarbeit im 19. Jahrhundert“ in den Gedankenblasen.

2. Was möchtest du erfahren? Formuliere Fragen zum Thema.

- ____?
- ____?
- ____?
- ____?
- ____?
- ____?

Die Wohnbedingungen der Arbeiter

Name: ____________________

Datum: ____________________

1. Setze die Lösungswörter richtig in den Text ein.

Arbeitskräften | Baracken | Familie | Flure | Hinterhaus | Innenhof | Verhältnisse | Wohnraum

Die Industrialisierung führt zu einer massenhaften Zuwanderung von ____________________ in die Ballungsgebiete. Dort fehlt entsprechender ____________________ für so viele Menschen. Arbeiter und ihre Familien müssen in Behelfsunterkünften und notdürftig errichteten ____________________ leben. Zu Beginn des 20. Jahrhunderts ändern sich die ____________________. In den großen Städten werden Mietskasernen errichtet. Arbeiterfamilien wohnen in mehrstöckigen Gebäuden mit einem Vorder- und ____________________ und einem winzigen ____________________. Sonnenlicht sehen sie dort kaum. Die Wohnungen, das Treppenhaus und die ____________________ sind dunkel und feucht. Oft besitzt eine ____________________ mit fünf Kindern nur einen Raum, in dem die Menschen wohnen, essen, arbeiten und schlafen müssen.

Barackenunterkünfte in Berlin

Arbeiterwohnung in einer Mietskaserne

2. Beschreibe die Wohnsituation von Arbeiterfamilien.

____

____

____

____

3. Recherchiere im Internet zum Thema Slum. Vergleiche mit den Wohnbedingungen der Arbeiter vor 100 Jahren. Verfasse einen kurzen Bericht. Notiere im Heft.

Wochenlohn eines Facharbeiters in Nürnberg im Jahre 1880:	20 Mark
Jahresausgaben einer Familie:	
Miete/Heizung:	350 Mark
Nahrung:	1100 Mark
Kleidung:	140 Mark
Arzt, Medizin ...:	50 Mark
Schulgeld:	50 Mark
Sonstiges:	15 Mark

Quelle: Zur Deutschen Sozialgeschichte 1850–1950, Ausstellungskatalog Nürnberg 1980, S. 30

4. Berechne das Jahreseinkommen eines Arbeiters. Wie hoch sind die Ausgaben? Vergleiche.

____

____

5. Wo kann bei den Ausgaben gespart werden? Welche zusätzlichen Einnahmen gibt es?

____

____

Die Arbeitsbedingungen in den Fabriken

Name: ______________________

Datum: ______________________

Die Arbeit in lauten und staubigen Fabrikhallen bestimmt das Leben der Arbeiter. Tägliche Arbeitszeiten von 12 Stunden im eintönigen Takt der Maschinen und niedrige Löhne sind die Normalität. Gesetzliche Regelungen zur Arbeitszeit und zu Arbeiterrechten fehlen. Stattdessen bestimmen strenge Fabrikordnungen den Arbeitsalltag. Wer sich den Anordnungen der Aufseher widersetzt, wird entlassen.

Der Industriearbeiter als Maschinenmensch (zeitgenössische Karikatur)

1. Beschreibe die Karikatur. Worauf möchte der Künstler aufmerksam machen?

____

____

____

FABRIKORDNUNG

BAUMWOLLSPINNEREI STRAUB & SÖHNE

§ 1: Jeder Arbeiter muss sich pünktlich an der ihm angewiesenen Arbeit in der Fabrik einfinden.

§ 2: Es ist jedem Arbeiter verboten, seinen Platz zu verlassen, bevor zur Schließung der Fabrik das Zeichen gegeben wird.

§ 7: Wenn in einem Arbeitssaal während der Arbeitszeit etwas beschädigt wird und der Täter nicht zu ermitteln ist, sind die Arbeiter des ganzen Saales für den Schaden haftbar.

§ 8: Wer sich Streitigkeiten zu Schulden kommen lässt, unterwirft sich der Strafe der Fabrikaufseher. Bestraft werden:
- Unehrerbietiges Betragen gegen die Aufseher.
- Verspätung und Versäumnisse, besonders der Unfug des blauen Montags und das Herbeiholen von Speise und Trank.
- Unvorsichtigkeit mit Feuer und Licht.
- Das Tabakrauchen.
- Lärm machen auf dem Weg zu und von der Fabrik.

§ 17: Wer seinen Dienst in der Fabrik aufgeben will, ist verpflichtet, seinen Austritt sechs Wochen vorher anzuzeigen.

§ 22: Die Fabrikbesitzer sind zur augenblicklichen Entlassung ohne Vergütung von Lohn berechtigt, wenn sich der Arbeiter das eine oder das andere der nachstehenden Vergehen zuschulden kommen lässt:

1. Diebstahl oder Untreue.
2. Prügelei, Unzucht oder Betrunkenheit im Fabrikgebäude.
3. Komplotte oder Auflehnung gegen die Fabrikordnung.
4. Beschimpfung der Aufseher und tätliche Widersetzlichkeit.
7. Eigenmächtiges Verlassen oder wiederholte Nachlässigkeit bei der Arbeit.
9. Beharrlicher Ungehorsam.

Altenstadt, im Jahr 1853

Nach: http://www.gclasen.de/fabrikordnung

2. Bewerte die Fabrikordnung aus der Sicht eines Arbeiters.

____

____

____

Tagesablauf einer Arbeiterin

Name: ______________________

Datum: ______________________

Viele Arbeiterfrauen müssen in den Fabriken mitarbeiten, weil der Verdienst ihrer Männer nicht ausreicht, um die Familie zu ernähren. Durch die ebenfalls anstrengenden Pflichten im Haushalt, wie Waschen, Putzen und Kindererziehung, sind sie doppelt belastet. Im 19. Jahrhundert haben Frauen weniger Rechte als Männer und erhalten für ihre Arbeit einen deutlich niedrigeren Lohn.

Aus einem Bericht der Gewerbeaufsicht 1899:

> Die Frau steht um etwa 5 Uhr auf. Dann wird das Essen für Mann, Frau und Kinder zubereitet. Um 7 Uhr geht es zur Fabrik. Ist die Entfernung zur Fabrik nicht zu weit, dann eilt die Frau in der eineinhalbstündigen Mittagspause um 12 Uhr im Schnellschritt heim, wärmt das vorher fertiggestellte Essen auf und isst mit den Angehörigen. Spätestens um 19 Uhr ist die Fabrikarbeit beendet. Nach dem Abendessen beginnen um 20 Uhr die Arbeiten im Haushalt, wie Betreuung der Kinder, Flicken der Kleider und Waschen der Wäsche und Vorbereitung des Essens für den anderen Tag. Vor 11 Uhr abends endet der Arbeitstag gewöhnlich nie.

Gekürzt und vereinfacht nach: Rosenbaum, H.: Formen der Familie, Frankfurt 1982, S. 408

1. Wann verrichtet die Arbeiterin die folgenden Tätigkeiten? Trage die Uhrzeiten aus dem Text in die Tabelle ein.

5.00–7.00						
Aufstehen und Haushalt	Arbeit in der Fabrik	Pause und Essen	Arbeit in der Fabrik	Arbeitsende/ Abendessen	Haushalt führen	Schlafen

2. Färbe die Zeitsegmente des Stundenkreises in den folgenden Farben an:

Rot: Arbeit in der Fabrik
Blau: Arbeit im Haushalt
Gelb: Schlafen
Grün: Freizeit

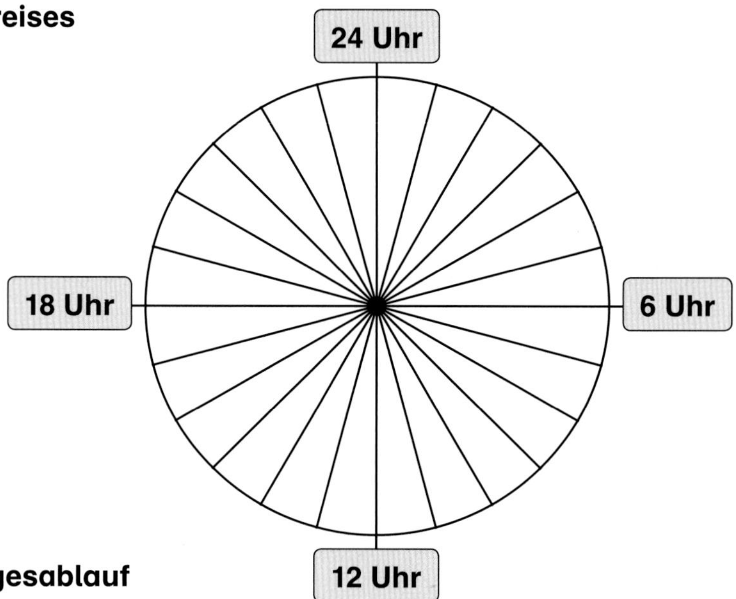

3. Berechne die tägliche Arbeitszeit der Frau in der Fabrik und im Haushalt.

____

____

____

4. Vergleiche diese Situation mit dem Tagesablauf einer berufstätigen Frau der Gegenwart. Welche Hilfen gibt es im modernen Haushalt?

____

____

____

____

Kinderarbeit

Name: ______________________

Datum: ______________________

Zu Beginn des 19. Jahrhunderts müssen auch Kinder in den Fabriken und Bergwerken arbeiten, um zum Lebensunterhalt der Familie beizutragen. Weil sie weniger als Erwachsene verdienen, werden sie von Fabrikanten oft bevorzugt eingestellt. Der Besuch von Schulen ist vielen Arbeiterkindern nicht möglich. Erst im Jahre 1891 wird in Preußen ein Gesetz erlassen, das die Fabrikarbeit von Kindern, die jünger als 14 Jahre sind, verbietet.

„In den Kohlen- und Eisenbergwerken arbeiten Kinder von 4, 5, 7 Jahren; die meisten sind indes über 8 Jahre alt. Sie werden gebraucht, um das losgebrochene Material [...] zu transportieren und um die Zugtüren, welche die verschiedenen Abteilungen des Bergwerks trennen, bei der Passage von Arbeitern und Material zu öffnen und wieder zu schließen. Zur Beaufsichtigung dieser Türen werden meist die kleinsten Kinder gebraucht, die auf diese Weise 12 Stunden täglich im Dunkeln einsam in einem engen, meist feuchten Gange sitzen müssen. [...] Der Transport der Kohlen und des Eisengesteins dagegen ist eine sehr harte Arbeit, da dies Material in ziemlich großen Kufen ohne Räder über den holprigen Boden der Stollen fortgeschleift werden muß, oft über feuchten Lehm oder durch Wasser, oft steile Abhänge hinauf, und durch Gänge, die zuweilen so eng sind, daß die Arbeiter auf Händen und Füßen kriechen müssen. Zu dieser anstrengenden Arbeit werden daher ältere Kinder und heranwachsende Mädchen genommen. [...] Die gewöhnliche Arbeitszeit ist 11–12 Stunden, oft länger, in Schottland bis zu 14 Stunden, und sehr häufig wird doppelte Zeit gearbeitet. [...] Die Kinder und jungen Leute, welche mit dem Schleppen der Kohlen und des Eisensteins beschäftigt sind, klagen allgemein über große Müdigkeit. [...] Es kommt jeden Augenblick vor, daß die Kinder, so wie sie nach Hause kommen, sich auf den steinernen Fußboden vor dem Herde werfen und sogleich einschlafen, daß sie keinen Bissen Nahrung mehr zu sich nehmen können und im Schlaf von den Eltern gewaschen und zu Bette gebracht werden müssen. Allgemein scheint es so zu sein, daß diese Kinder den größten Teil des Sonntags im Bette zubringen, um sich einigermaßen von der Anstrengung der Woche zu erholen."

Aus: Engels, F.: Die Lage der arbeitenden Klasse in England, Barmen 1845, S. 137 f.

1. Ergänze die fehlenden Angaben im folgenden Text mithilfe des Infotextes und des Bildes.

Kinderarbeit
im Bergwerk

Alter der Kinder: ______________________

Arbeitszeit (täglich): ______________________

Arbeiten im Bergwerk: ______________________

____

____

2. „Kinder ohne Kindheit" – Trifft diese Aussage zu? Begründe.

____

____

____

Papiertüten herstellen – Eine Simulation zum Thema Kinderarbeit

Name: ______________________

Datum: ______________________

Zur Zeit der Industrialisierung besuchten viele Kinder keine Schule, weil sie in Bergwerken und Fabriken arbeiten mussten. Dies führte oft zu dauerhaften Gesundheitsschäden. Auch heute noch gibt es in mehreren Ländern der Welt Kinderarbeit. Die Ausbeutung durch zu frühe und oft harte und monotone Arbeit ist ein Verstoß gegen die Kinderrechte der Vereinten Nationen, für viele arme Familien aber eine bittere Notwendigkeit.
Bei der Herstellung von Papiertüten, die von Kindern für wenige Cent als Stundenlohn gefaltet werden, könnt ihr in einem Versuch die Bedingungen von Kinderarbeit nachvollziehen.

1. Stelle Papiertüten her. Um einen Stundenverdienst von 20 Cent zu erwirtschaften, ist es notwendig, in einer Unterrichtsstunde mindestens 20 Tüten zu falten.

Du benötigst pro Tüte:
1 DIN-A4-Bogen Papier, Klebstoff

Lege beide Papierseiten zur Mitte.

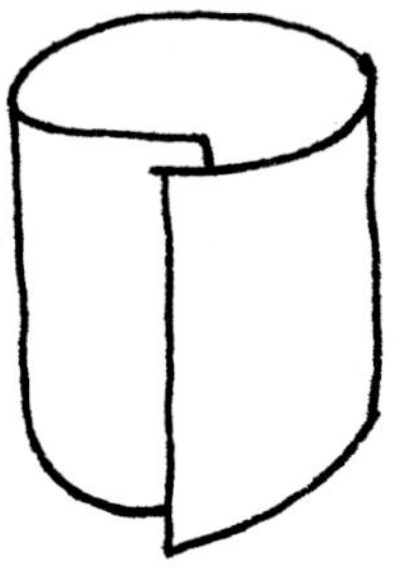

Bestreiche den Rand mit Klebstoff und klebe den überstehenden Rand fest.

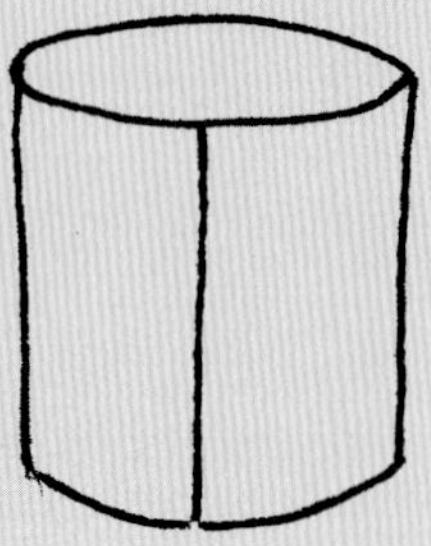

Knicke das untere Ende ca. 5 cm um und falte es wieder auf.

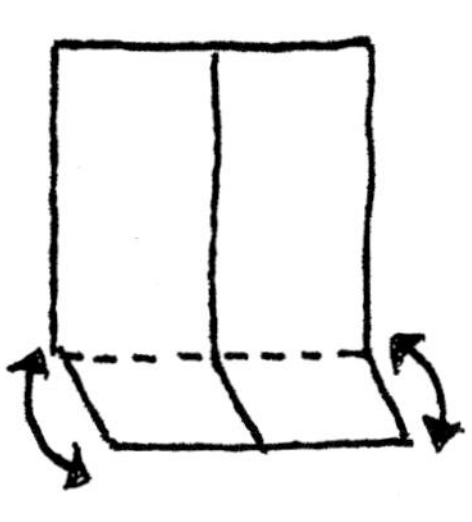

Knicke die unteren Enden bis zur Linie um und falte sie wieder auf.

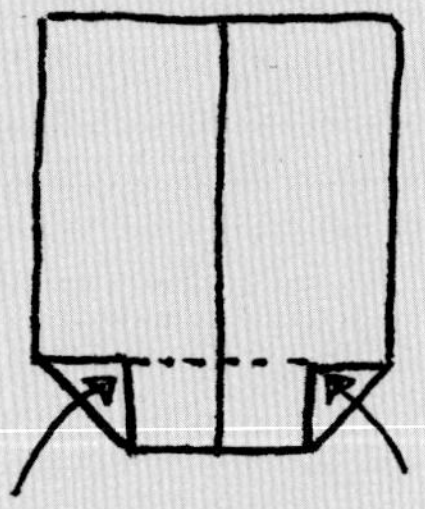

Schlage die Ecken nach innen ein.

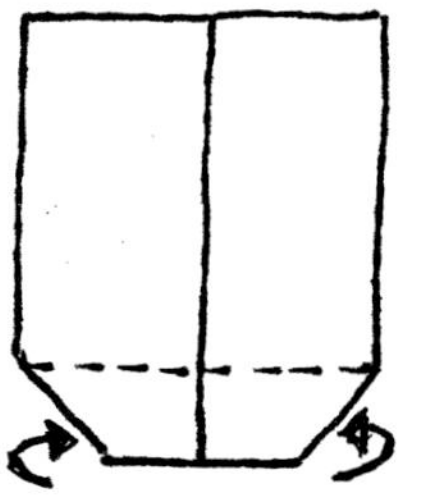

Jetzt hast du eine Tüte mit zwei Klappen.

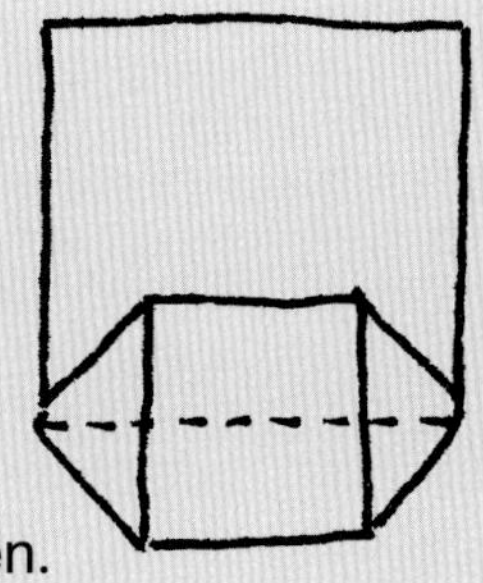

Knicke die obere Klappe um.

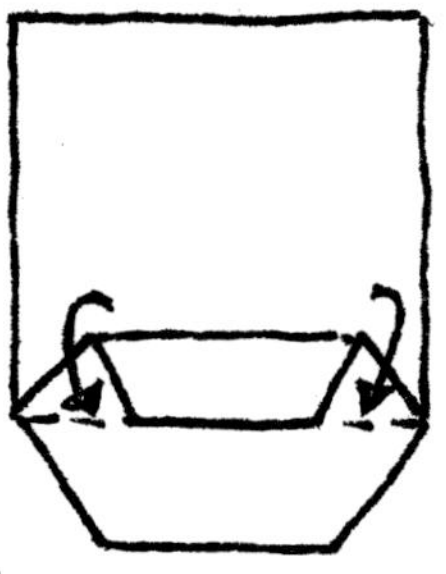

Schlage sie etwas über die Mittellinie um. Bestreiche das gekennzeichnete Stück mit Klebstoff.

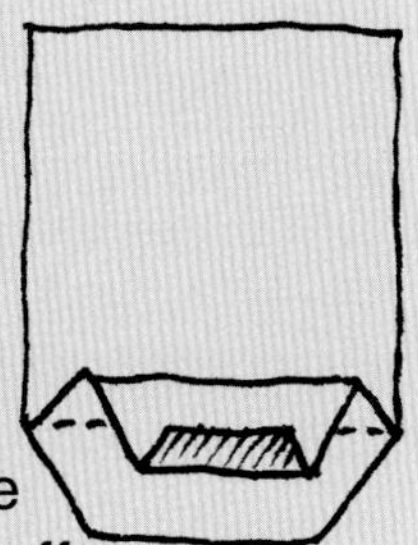

Knicke die zweite Klappe um, bis sie die Kleisterfläche überdeckt.

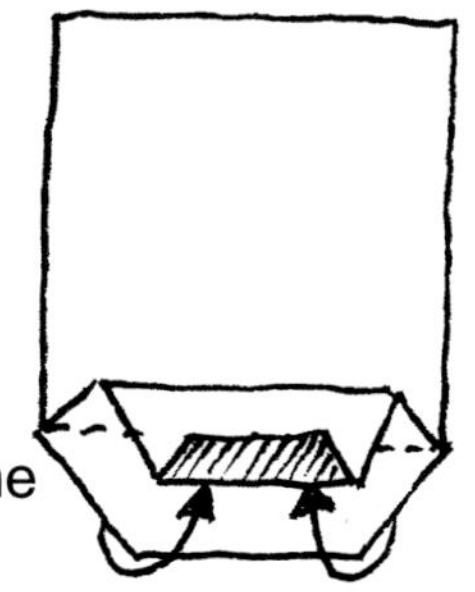

Klebe sie fest.

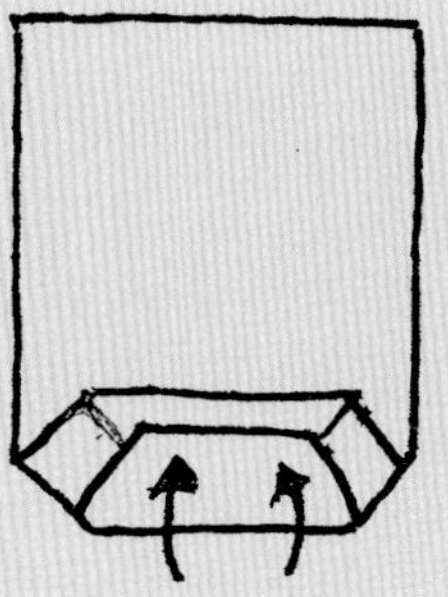

Fertig!

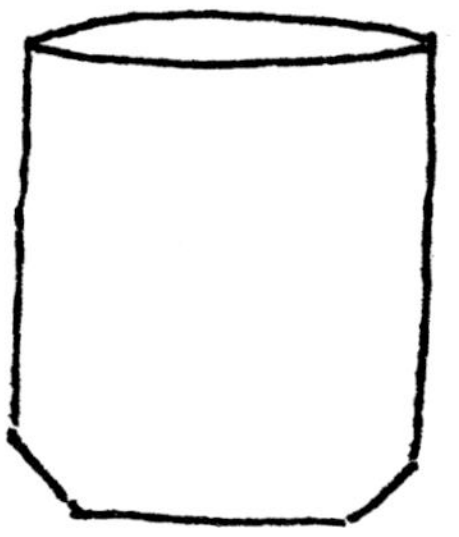

Kinderarbeit damals und heute

Name: ______________________

Datum: ______________________

In Deutschland ist die Arbeit von Jugendlichen durch das Jugendarbeitsschutzgesetz geregelt. Die Beschäftigung von Kindern unter 15 Jahren ist – abgesehen von kurzfristigen Jobs, wie das Austeilen von Werbung oder Zeitschriften – grundsätzlich verboten.

Auszüge aus dem Jugendarbeitsschutzgesetz:

§ 5 (1) Die Beschäftigung von Kindern (§ 2 Abs. 1) ist verboten.

§ 8 (1) Jugendliche dürfen nicht mehr als acht Stunden täglich und nicht mehr als 40 Stunden wöchentlich beschäftigt werden.

§ 9 (1) Der Arbeitgeber hat den Jugendlichen für die Teilnahme am Berufsschulunterricht freizustellen. Er darf den Jugendlichen nicht beschäftigen.

§ 11 (1) Jugendlichen müssen im Voraus feststehende Ruhepausen von angemessener Dauer gewährt werden. (30 Minuten bei einer Arbeitszeit bis zu sechs Stunden, ansonsten 60 Minuten.)

§ 13 (1) Nach Beendigung der täglichen Arbeitszeit dürfen Jugendliche nicht vor Ablauf einer ununterbrochenen Freizeit von mindestens 12 Stunden beschäftigt werden.

1. Welche der folgenden Aussagen trifft auf das Arbeiterkind um 1860, welche auf den Schüler heute zu? Ordne mithilfe von Pfeilen richtig zu.

Arbeiterkind 1860

Bei der Arbeit gibt es keine festen Pausen und Erholungszeiten.
Wegen der täglichen Arbeit in der Fabrik kann ich nicht in die Schule gehen.
Jugendliche unter 15 Jahren dürfen nur leichte Tätigkeiten ausführen.
Ich mache eine Ausbildung, aber einmal in der Woche muss ich zur Berufsschule gehen.
Jugendliche dürfen nicht länger als acht Stunden jeden Tag arbeiten.
Oft komme ich so müde von der Arbeit nach Hause, dass ich sofort einschlafe.
Durch ein Gesetz ist genau geregelt, wann ich arbeiten darf und wann nicht.
Ich habe das Recht und auch die Pflicht, in die Schule zu gehen.
Manchmal muss ich 12 Stunden am Tag arbeiten.
In der Fabrik habe ich keine Rechte und bin der Willkür des Vorarbeiters ausgesetzt.

Schüler heute

2. Welche negativen Folgen für die Gesellschaft und für die Betroffenen hat Kinderarbeit? Notiere Argumente.

____

____

3. Recherchiere im Internet zum Thema Kinderarbeit. Gibt es sie auch heute noch wie zur Zeit der Industrialisierung? Verfasse einen kurzen Bericht. Notiere im Heft.

Ein Unfall in der Fabrik

Name: ______________________

Datum: ______________________

In den ersten Jahrzehnten der Industrialisierung gab es für die Arbeiter weder Unfallschutz und Krankenversicherung noch Krankengeld oder eine Lohnfortzahlung bei Krankheit.

Johann Bahr: Arbeitsunfall (1889)

1. **Betrachte das Bild. Beschreibe die Bildausschnitte.**

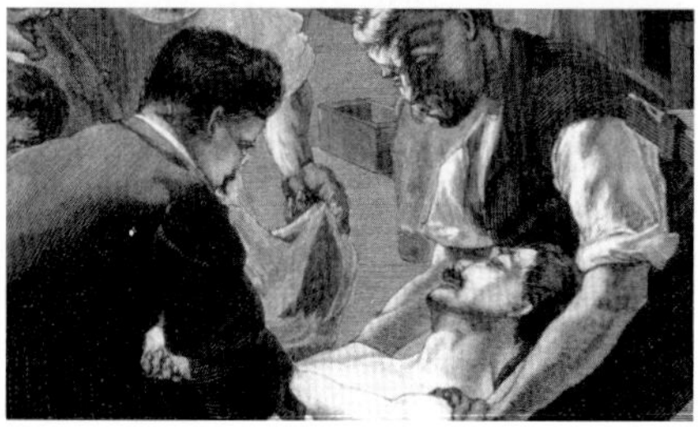

2. **Warum ist durch einen Arbeitsunfall die Existenz einer ganzen Familie bedroht?**

3. **Recherchiere im Internet, wie Arbeiter in heutiger Zeit sozial abgesichert sind.**

Arbeiter organisieren sich

Name: ______________________

Datum: ______________________

1. Setze die Lösungswörter richtig in den Text ein.

Arbeiter	Einzelner	Gesetze	Gewerkschaften	Journalisten
Lebensbedingungen	Löhne	Parlament	Parteien	

Im Zeitalter der Industrialisierung sind die ______________________ der Arbeiter schlecht. Nach und nach erkennen die Menschen, dass ein ______________ dies nicht verändern kann. ______________ organisieren sich, um gemeinsam ihre Situation zu verbessern. Es entstehen erste Arbeitervereine, aus denen später ________________ und Parteien hervorgehen. Die Gewerkschaften kämpfen für bessere Arbeitsbedingungen und höhere __________. Das ist dem ____________________ Ferdinand Lassalle zu wenig. Seiner Meinung nach sollen Arbeiter die eigenen Interessen auch im ________________ vertreten, um durch neue ______________ die Lebensbedingungen zu verbessern. 1863 gründet Lassalle den „Allgemeinen Deutschen Arbeiterverein" (ADAV). Sechs Jahre später begründen August Bebel und Wilhelm Liebknecht die Sozialdemokratische Arbeiterpartei (SDAP). 1875 schließen sich beide ____________ zusammen und geben sich 1890 den Namen „Sozialdemokratische Partei Deutschlands" (SPD).

2. Beschreibe das Bild. Welche Veranstaltung könnte dargestellt sein?

____

____

____

3. Finde einen passenden Titel für das Bild.

____

Aus dem Gothaer Programm der SPD:

Die Sozialistische Arbeiterpartei Deutschlands fordert:

1. **Allgemeines, gleiches, direktes Wahl- und Stimmrecht mit geheimer und Stimmabgabe vom zwanzigsten Lebensjahr an. [...]**
2. **Direkte Gesetzgebung durch das Volk. Entscheidung über Krieg und Frieden durch das Volk.**
3. **Allgemeine Wehrhaftigkeit. Volkswehr anstelle der stehenden Heere.**
4. **Abschaffung aller [...] Gesetze, welche die freie Meinungsäußerung, das freie Forschen und Denken beschränken.**
5. **Rechtsprechung durch das Volk. Unentgeltliche Rechtspflege.**
6. **Allgemeine Schulpflicht. Unentgeltlicher Unterricht in allen Bildungsanstalten.**

4. Kreuze an und bewerte die Forderungen des Parteiprogramms.

○ Ich stimme den Forderungen zu. ○ Ich lehne die Forderungen ab.

____

AB 10

Der Streik

Name: ____________________

Datum: ____________________

Arbeiter streiken für bessere Arbeitsbedingungen. Sie ziehen von der Fabrik zur Villa des Unternehmers.

Robert Koehler: Der Streik (1886)

1. Kennzeichne im Bild den Unternehmer und den Wortführer der Arbeiter. Welche Position hat der Unternehmer gegenüber den Arbeitern eingenommen?

____

____

2. Notiere in den beiden Sprechblasen Forderungen des Unternehmers und der Arbeiter.

3. Im Bild sind vier Personen durch Buchstaben gekennzeichnet. Notiere, was sie denken oder sagen könnten.

A: ____

B: ____

C: ____

D: ____

4. Mit welchen Mitteln wird heutzutage auf die Forderungen der Arbeitnehmer aufmerksam gemacht und wie werden sie durchgesetzt?

____

____

____

____

Rolf Breiter/Karsten Paul: Geschichte handlungsorientiert: Neuere Geschichte

1. Mai – Kampftag der Arbeiter

Name: ____________________

Datum: ____________________

Durch Proteste und Streiks fordern die Arbeiter immer wieder eine Verbesserung ihrer Situation. Ein Arbeiterprotest am 1. Mai 1886 in Amerika wird zum Anlass der Einführung eines Kampf- und Feiertages der Arbeiter.

Gewalttätige Arbeiterversammlung 1886 in Chicago

1. Beschreibe das Bild. Welche Personen sind dargestellt? Was passiert gerade?

____

____

____

Zur Erinnerung an die Ereignisse in Chicago wird der 1. Mai auf Beschluss des internationalen Gewerkschaftskongresses im Juli 1889 zum Kampftag der Arbeiter auf der ganzen Welt ausgerufen. In Deutschland stellt ein 1878 vom Reichskanzler Bismarck erlassenes Gesetz politische Versammlungen der sozialistischen Arbeiterschaft unter Strafe. Deshalb müssen die ersten Maifeiern heimlich organisiert werden. Als Tarnung dienen der gemeinsame Ausflug in ein Gartenlokal oder kleine Feste unter freiem Himmel. Gemeinsam haben diese politischen Veranstaltungen eines: Statt Fahnen zu schwenken, tragen die Teilnehmer eine rote Nelke im Knopfloch von Jacke oder Hemd als Erkennungszeichen der gemeinsamen politischen Einstellung. Dennoch müssen die teilnehmenden Arbeiter mit Nachteilen rechnen. Unternehmer drohen ihnen mit dem Verlust des Arbeitsplatzes oder mit der Aufnahme in eine schwarze Liste mit den Namen der nicht einzustellenden Arbeitnehmer.

Plakat zum 1. Mai 1956 mit der Forderung der Gewerkschaften nach kürzeren Arbeitszeiten und einem arbeitsfreien Samstag

2. Welche Nachteile mussten demonstrierende Arbeiter um 1880 befürchten?

____

____

____

3. Was bedeutet die Aussage „Samstags gehört Vati mir"?

____

____

AB 12

Hilfen durch den Staat

Name: ______________________

Datum: ______________________

Die Not der Arbeiter ist groß. Um der Unzufriedenheit entgegenzukommen und das weitere Erstarken der Sozialdemokratie zu verhindern, erlässt Kaiser Wilhelm auf Anraten von Reichskanzler Bismarck ab 1883 Gesetze zur Sozialversicherung. Die Idee ist für die damalige Zeit sehr fortschrittlich. Durch eine staatlich garantierte Versicherung, finanziert aus Beiträgen der Arbeitnehmer und Arbeitgeber, sollen die Arbeiter sozial abgesichert werden. Die bismarckschen Sozialgesetze basieren auf drei Säulen: der 1883 eingeführten Krankenversicherung, der 1884 eingeführten Unfallversicherung und der 1889 folgenden Renten- und Invalidenversicherung.

1. Ordne den folgenden Texten die Namen der Versicherungen und das Jahr ihrer Einführung zu.

Otto von Bismarck (1815–1898): erster Reichskanzler des Deutschen Reiches von 1871 bis 1890

Sozialgesetzgebung Bismarcks

____

Im Krankheitsfall erhält der Arbeiter ärztliche Versorgung, Medikamente und ab dem dritten Krankheitstag ein Krankengeld von zwei Mark pro Tag. Krankenhauskosten werden übernommen.

____

Kann ein Arbeiter nach einem Unfall nicht mehr arbeiten, zahlt ihm die Versicherung eine Rente von zwei Dritteln seines Lohnes. Verstirbt der Arbeiter durch den Unfall, wird ein Fünftel des Lohns als Hinterbliebenenrente an die Witwe ausgezahlt.

____

Bei Arbeitsunfähigkeit erhält der Arbeiter eine Invalidenrente. Ab dem 70. Lebensjahr wird ihm eine Altersrente gezahlt.

Das heutige Sozialversicherungssystem in Deutschland besteht aus fünf Säulen. 1927 wurde die Arbeitslosenversicherung ergänzt und 1995 die Pflegeversicherung eingeführt.

2. Ergänze im Schaubild die fehlenden Begriffe und Jahreszahlen.

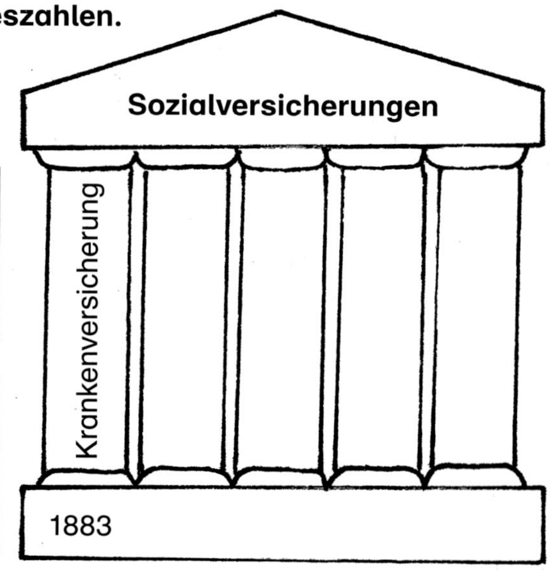

3. Recherchiere im Internet die Aufgaben der Arbeitslosenversicherung und der Pflegeversicherung. Notiere.

____

____

____

____

Rolf Breiter / Karsten Paul: Geschichte handlungsorientiert: Neuere Geschichte

Kirchliche Unterstützer

Name: ______________________

Datum: ______________________

Vertreter der Kirchen setzen sich für die notleidende Bevölkerung ein. Der evangelische Pfarrer Johann Hinrich Wichern gründet 1833 in Hamburg das „Rauhe Haus“, ein Heim für obdachlose Jungen und später auch Mädchen. Die notleidenden Kinder und Jugendlichen finden dort ein neues Zuhause, lernen Lesen, Schreiben und Rechnen und erhalten die Möglichkeit, einen handwerklichen Beruf zu erlernen.

Rauhes Haus in Hamburg

Briefmarken der Deutschen Post ehren Kirchenvertreter, die sich für das Wohl der Menschen eingesetzt haben.

1. Recherchiere im Internet. Wer sind die abgebildeten Personen? Wie haben sie den Menschen geholfen?

2. Welche Hilfswerke unterstützen heute Menschen in Not?

Helfer der Menschheit

Name: ____________________

Datum: ____________________

1. Ordne die Aussagen den Personen zu. Recherchiere dazu, falls nötig, im Internet.

Florence Nightingale (1820–1910)

Robert Koch (1843–1910)

Durch mich kam eine Bewegung zum Schutz für Verwundete im Krieg in Gang. Sie trägt als Kennzeichen das rote Kreuz auf weißem Grund.

Meine Entdeckung des Erregers der Tuberkulose war ein wichtiger Schritt zum Schutz vor Krankheiten. Sie führte dazu, dass Impfstoffe gegen Krankheiten, wie Cholera, Malaria oder Pest, hergestellt werden konnten.

Ich habe ein Verfahren zur Haltbarmachung von Lebensmitteln entwickelt. Es wird nach meinem Namen benannt. Später fand ich einen Impfstoff gegen die Tollwut.

Ich habe mich im Sanitätsdienst um verletzte Soldaten gekümmert. Damit wurde die moderne Krankenpflege gegründet. Vorher gab es keine Krankenpfleger. Diese Arbeit mussten Angehörige erledigen.

Louis Pasteur (1822–1895)

Henri Dunant (1828–1910)

2. Eine der Personen erhielt den Nobelpreis für Medizin. Notiere den Namen.

____

3. Finde heraus, welche Lebensmittel pasteurisiert werden.

____

4. Welche der Personen erhielt den Friedensnobelpreis?

____

5. Informiere dich, gegen welche Krankheiten du geimpft wurdest.

____

____

6. Welche Person der Gegenwart würdest du als „Helfer der Menschheit" ehren? Nenne den Namen, füge ein Bild ein und begründe deine Wahl.

____

____

____

____

Vorwissen und Fragen zum Thema

Name: ______________________________

Datum: ______________________________

1. Was weißt du schon? Notiere deine Ideen zum Thema „Einigkeit und Recht und Freiheit" in den Gedankenblasen.

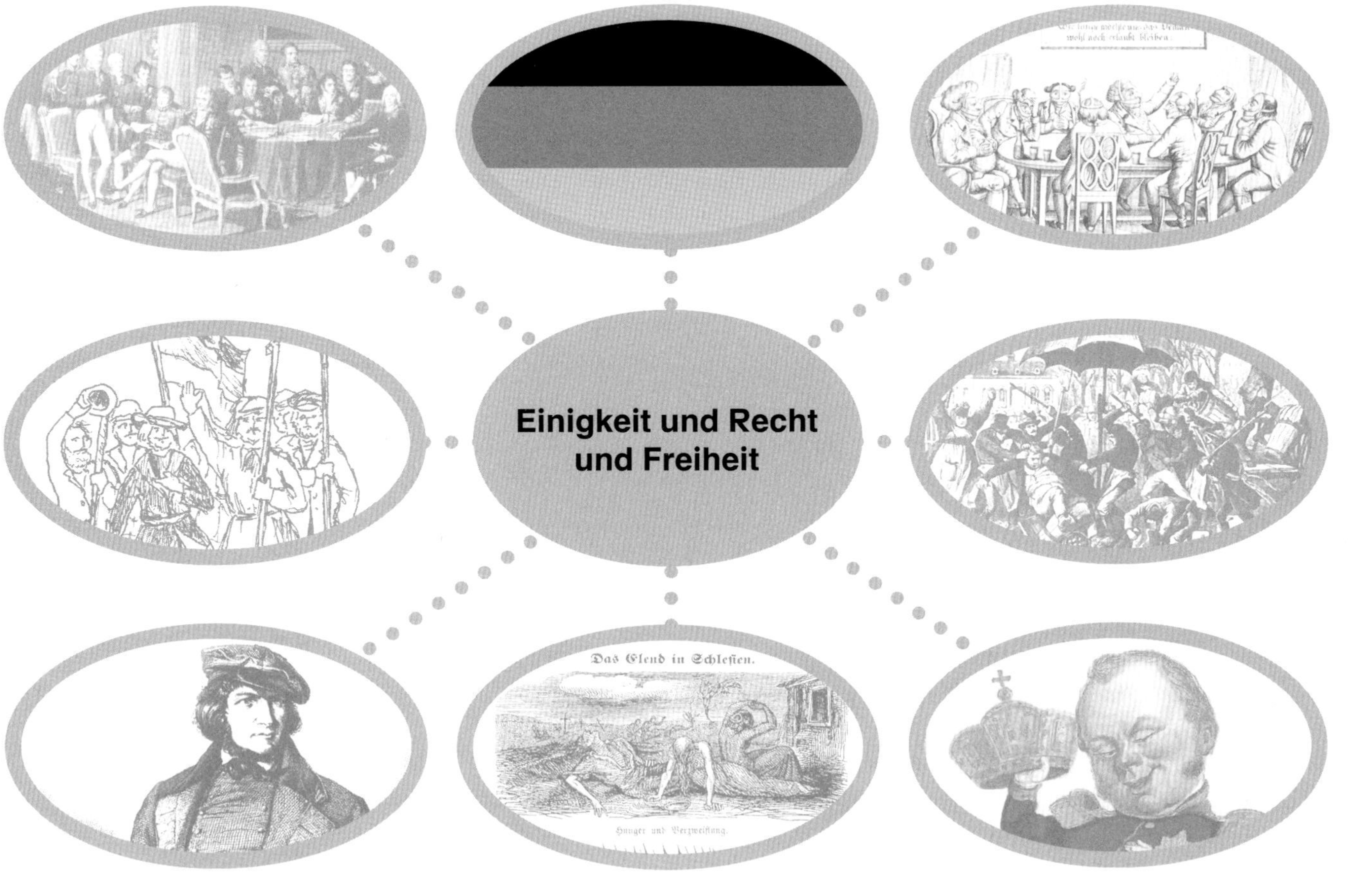

2. Was möchtest du erfahren? Formuliere Fragen zum Thema.

- ____?
- ____?
- ____?
- ____?
- ____?
- ____?

Der Wiener Kongress – Die Fürsten ordnen Europa

Name: ______________________

Datum: ______________________

1. Setze die Lösungswörter richtig in den Text ein.

Befreiungskriege | Europas | Freiheit | Fürsten | Großmächten | Interesse | Kapkolonien | Kongress | Kräfteverhältnis | Rheinland | Vorherrschaft

Die französische ______________ in Europa ist durch die ______________ und die Niederlage Napoleons bei Waterloo beendet. Die Menschen haben für ein geeintes Vaterland deutscher Nation und für politische ______________ gekämpft. 1814 treffen sich in Wien über 200 Staatsmänner – Kaiser, Könige, Fürsten, Diplomaten – zu einem ______________, um über die Zukunft ______________ zu beraten und die Veränderungen durch die Französische Revolution und die nachfolgenden Kriege rückgängig zu machen. Viele ______________ wünschen ihre alten Machtverhältnisse zurück. Den ______________ Russland, Österreich, Preußen, England und Frankreich geht es um ein ausgeglichenes ______________ in Europa. An einem starken Staat deutscher Nation hat niemand ein ______________. Die Teilnehmer einigen sich, dass Frankreich alle von Napoleon eroberten Gebiete verliert. Russland erhält das Herzogtum Warschau, Österreich bekommt Oberitalien, Tirol und die Lombardei. Preußen vergrößert sich durch die Hälfte des Königreichs Sachsen, das ______________, einen Teil Westfalens und Schwedisch-Pommern. England werden die ______________, Sri Lanka, Mauritius, Malta und Helgoland zugeteilt. Belgien und Holland vereinigen sich zum Königreich der Niederlande. Bayern erhält die Pfalz und Dänemark wird Holstein zugesprochen.

2. Ergänze das Schaubild zum Wiener Kongress mithilfe des Textes aus Aufgabe 1.

Ursachen: ______________________

Teilnehmende Großmächte: ______________________

Delegierte beim Wiener Kongress

Ziele: ______________________

Auswirkungen: ______________________

Der Deutsche Bund

Name: ______________________

Datum: ______________________

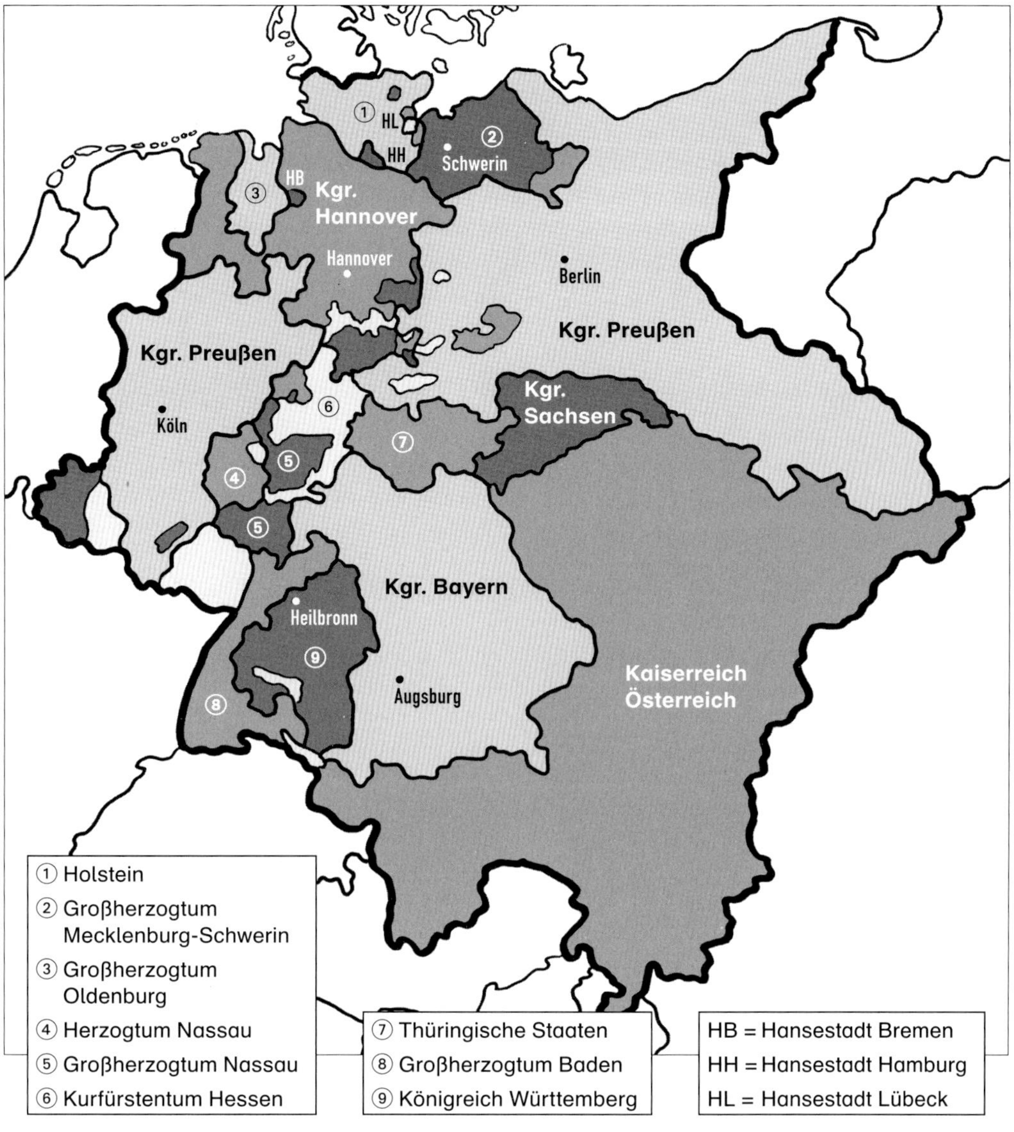

Nach langen Verhandlungen einigen sich das Kaiserreich Österreich, die Königreiche Preußen, Bayern, Hannover, Sachsen und Württemberg und die vielen deutschen Kleinstaaten auf einen gemeinsamen Vertrag und gründen den Deutschen Bund. Der Deutsche Bund ist ein lockerer Staatenbund. Jeder Einzelstaat bleibt selbstständig. Es gibt keine Volksvertretung, kein Staatsoberhaupt, keine gemeinsame Regierung und kein oberstes Gericht. Zu Beratungen schickt jeder Mitgliedsstaat seine Gesandten zur Bundesversammlung in Frankfurt. Der Deutsche Bund hat eine Bundesarmee, die für die innere und äußere Sicherheit sorgt.

Im Namen aller, die für die Freiheit gestorben sind, fordern wir ein einiges deutsches Vaterland.

Alle Bürger sollen die gleichen Rechte und Pflichten haben.

Wir fordern freie Wahlen für eine Volksvertretung und die Selbstverwaltung der Städte und Gemeinden.

Jeder soll seinen Glauben frei wählen und die eigene Meinung frei äußern können.

Aus einem Flugblatt von 1815

1. **Welche großen Länder gehörten zum Deutschen Bund? In welchem Land liegt dein Heimatort?**

____

____

2. **Vergleiche den Deutschen Bund mit der Bundesrepublik Deutschland.**

____

____

____

3. **Bewerte die Forderungen der Bürger auf dem Flugblatt. Wurden sie erfüllt?**

____

Der Deutsche Zollverein

Name: ______________________

Datum: ______________________

Die Zersplitterung in Kleinstaaten behindert die wirtschaftliche Entwicklung Deutschlands. Überall zwischen den Ländern werden Zollstationen errichtet. Kaufleute müssen bei der Ausreise und bei der Einreise Zölle bezahlen. Das verteuert die Waren und kostet viel Zeit.

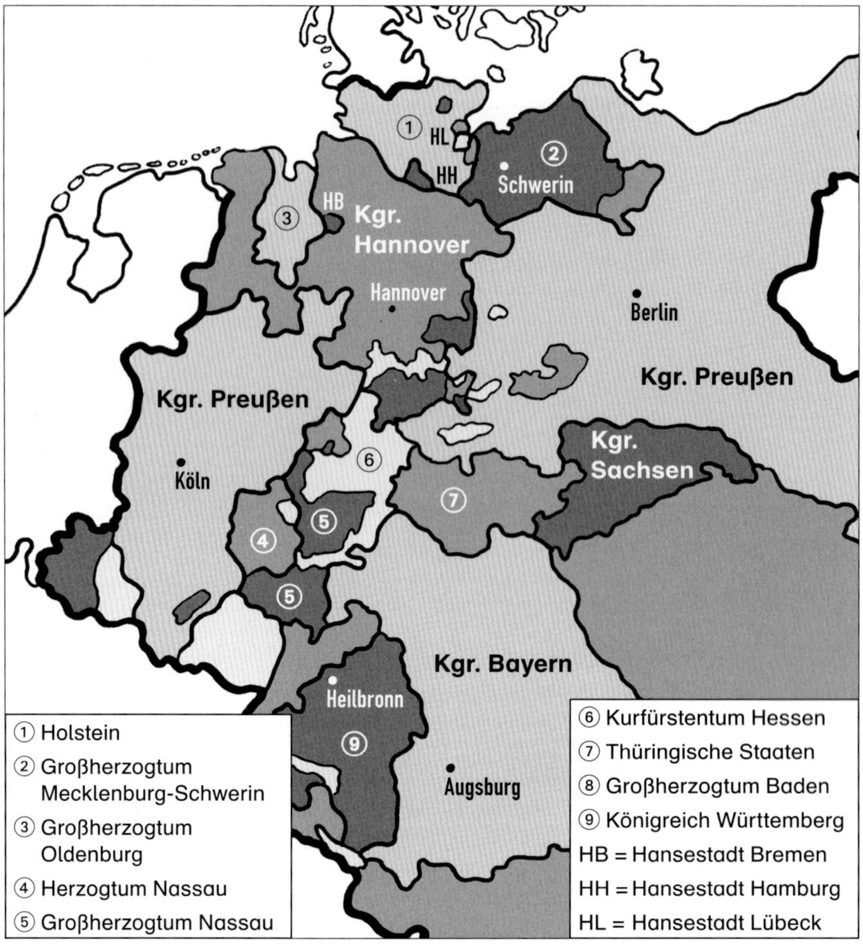

1. Ein Kaufmann bringt Waren von Augsburg über Heilbronn und Köln nach Lübeck. Zeichne die Strecke in die Karte ein. Markiere jede Zollgrenze mit einem roten Kreuz.

2. Durch welche Länder kommt der Kaufmann?

____

____

____

Der Ruf nach einem gemeinsamen Markt mit Verzicht auf Zölle und Erleichterung im Warenverkehr wird laut. 1834 gründen die Staaten des Deutschen Bundes den Deutschen Zollverein. Obwohl Deutschland weiter aus vielen Kleinstaaten besteht, gibt es jetzt ein einheitliches Zollgebiet. Das erleichtert den Handel zwischen den Ländern und macht Waren preiswerter. Der Deutsche Zollverein fördert die Einführung einheitlicher Maße und Währungen und ist damit ein wichtiger Schritt zur Einheit Deutschlands.

3. Ein Kaufmann transportiert nach der Gründung des Zollvereins Waren von Augsburg über Heilbronn und Köln nach Lübeck. Notiere, was sich für ihn geändert hat.

____

4. Nenne Vorteile des Zollvereins.

____

____

5. Wie heißt der gegenwärtige Wirtschaftsraum in Europa? Welche Länder gehören dazu? Recherchiere dazu im Internet.

____

____

____

Freiheitsbewegung der Deutschen – Das Wartburgfest

Name: ______________________

Datum: ______________________

1. Setze die Lösungswörter richtig in den Text ein.

Ausweisung | Bücher | Einschränkung | Fürstenstaaten | Luther | Napoleon | Parolen | Proteste | Staaten | Studenten | Symbol | Uniformen | Unterdrückung | Vorlesungen

Auf dem Weg zur Wartburg

Die Wartburg ist am 18. Oktober 1817 Treffpunkt vieler ______________ und Professoren aus allen deutschen ______________. Anlass des Festes sind der 300. Jahrestag der Thesen von Martin ______________ und die Befreiung von ______________ durch die Völkerschlacht 1813 bei Leipzig. Als ______________ ihrer Bewegung wählen die Studenten die Farben Schwarz, Rot, Gold. Diese Farben hatten die Soldaten auf ihren ______________ in den Befreiungskriegen getragen. Auf ihrem Weg zur Wartburg rufen die Studenten ______________, wie „Ehre, Freiheit, Vaterland". Ihre Forderungen sind ein freies und einiges Deutschland. Damit wenden sich die Studenten gegen den Deutschen Bund aus selbstständigen ______________. Unterstützung finden sie in den Reihen der Dichter und Schriftsteller. Die Fürsten jedoch fürchten eine ______________ ihrer Macht durch die Ausweitung der studentischen ______________ auf das gesamte Gebiet des Deutschen Bundes. Auf einem Treffen 1819 in Karlsbad fassen sie Beschlüsse zur ______________ der Freiheitsbewegung. Alle studentischen Verbindungen werden aufgelöst und die ______________ der Professoren überwacht. Zeitschriften und ______________ müssen vor der Veröffentlichung genehmigt werden. Menschen, die gegen die Karlsbader Beschlüsse der Fürsten verstoßen, drohen Gefängnisstrafen oder die ______________ aus dem Land.

2. Welchen Anlass wählen die Studenten für ihren Protest? Welche Forderungen stellen sie?

____

____

3. Wovor fürchten sich die Fürsten und wie reagieren sie?

____

____

4. Bewerte das Verhalten der Studenten und der Fürsten.

____

____

Der Denkerclub

Name: ______________________

Datum: ______________________

„Der Denkerclub“ ist eine 1819 gezeichnete Karikatur eines heute unbekannten Künstlers. Er will auf Zustände im Deutschen Bund aufmerksam machen. Dargestellt ist ein Gesprächskreis von Professoren, die über die Zukunft Deutschlands diskutieren.

1. **Schneide die Puzzleteile aus, setze sie zusammen und klebe sie auf ein Blatt Papier.**

2. **Beschreibe das Bild genau. Wie viele Personen sind abgebildet? Was machen sie?**

3. **Worüber diskutieren die Personen? Formuliere eine politische Forderung, die der Künstler mit seinem Bild verknüpft.**

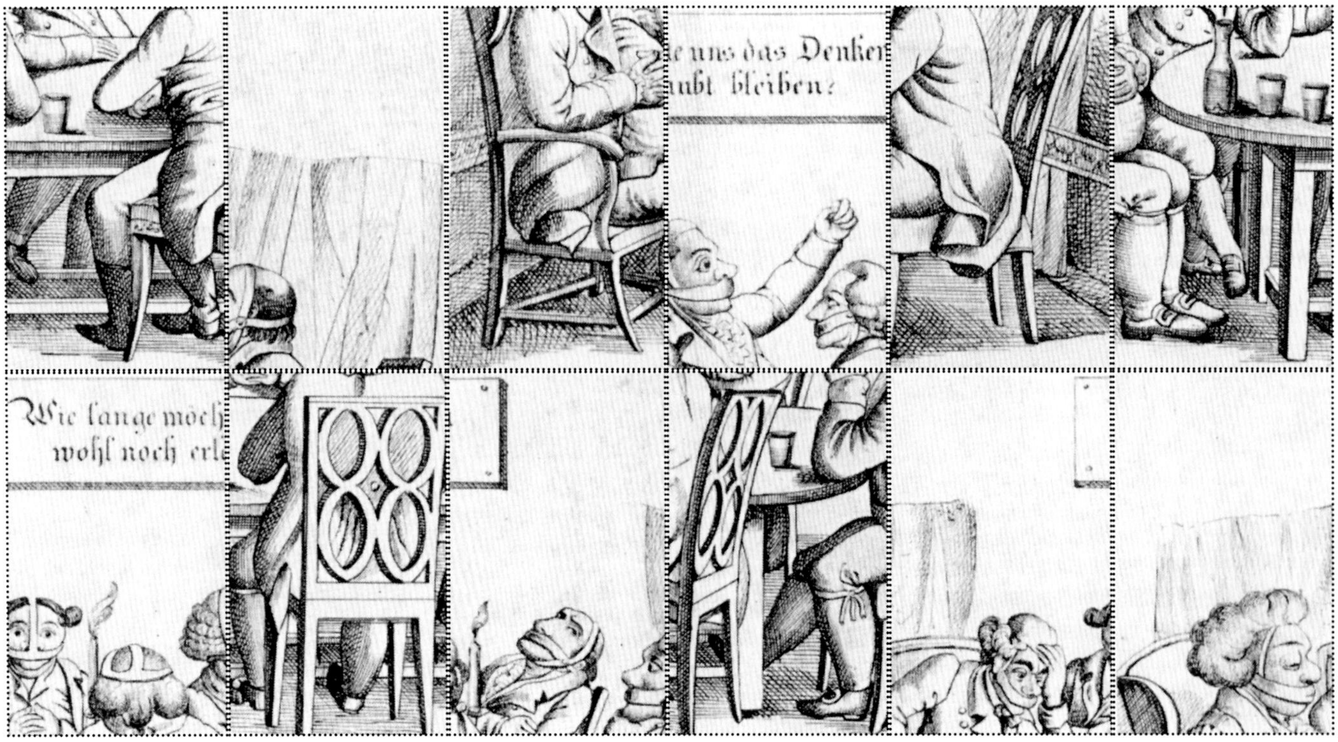

Freiheitsbewegung der Deutschen – Das Hambacher Fest

Name: ______________________

Datum: ______________________

Auch nach den Karlsbader Beschlüssen der Fürsten zur Unterdrückung der Freiheitsbestrebungen bleibt der Ruf nach Freiheit und Einigkeit in den Köpfen der Menschen verankert. Aus Protest gegen die Unterdrückung der freien Presse wird der Verein „Deutscher Press- und Vaterlandsverein" gegründet. Mitbegründer des Vereins rufen im Jahre 1832 zu einem Fest auf dem Hambacher Schlossberg auf. Weil die Fürsten ein Versammlungsverbot für politische Veranstaltungen verfügt haben, versammeln sich fast 3000 Menschen unter dem Deckmantel eines Volksfestes, um für Freiheit zu demonstrieren. Viele Redner nutzen das Fest, um ihre politischen Vorstellungen von Deutschlands Zukunft zu verbreiten. Sie fordern die Beseitigung der Fürstenherrschaft und ein geeintes deutsches Reich mit demokratischer Verfassung und bürgerlichen Freiheiten, wie Meinungsfreiheit, Pressefreiheit, Versammlungsrecht und Gleichheit der Bürger vor dem Gesetz. Doch auch 1832 kann sich die deutsche Freiheitsbewegung nicht durchsetzen. Als Reaktion auf das Fest schickt der bayerische König Soldaten in die Region, um für Ordnung zu sorgen. Die Verantwortlichen des Festes fliehen oder werden verhaftet.

1. **Unterstreiche im Text die Informationen zu folgenden Fragen in den Farben:**
   Rot: Was erreichten die Karlsbader Beschlüsse nicht?
   Blau: Aus welchem Anlass wurde der „Deutsche Press- und Vaterlandsverein" gegründet"?
   Grün: Warum riefen die Veranstalter zu einem Volksfest auf?

2. **Was könnten die Menschen oben ausrufen? Trage in die Sprechblase ein. Welche weiteren Forderungen wurden gestellt?**

____

____

____

3. **Ein Redner schildert seine Vorstellungen. Fasse die Aussagen des Textes in eigenen Worten zusammen.**

„Dieses schöne Land wird verwüstet, geplündert, zerrissen und entehrt. Reich an den Hülfsquellen der Natur sollte es für alle seine Kinder die Wohnung der Freude und der Zufriedenheit seyn, allein ausgesogen von 34 Königen, ist es für die Mehrzahl seiner Bewohner der Aufenthalt des Hungers, des Jammers und des Elendes. [...] Darum deutsche Patrioten wollen wir die Männer wählen, die durch Geist, Feuereifer und Charakter berufen sind, das große Werk der deutschen Reform zu beginnen und zu leiten."

Quelle: Hambach 1832, Landeszentrale für politische Bildung, Rheinland Pfalz 2007

____

____

4. **Wie reagiert die Obrigkeit auf das Fest?**

____

____

Hunger und Unzufriedenheit in Deutschland

Name: ______________________

Datum: ______________________

Die Unzufriedenheit der Menschen in den Ländern des Deutschen Bundes ist nicht nur wegen fehlender Freiheit groß. Überall nehmen Armut und Hunger zu. Leidtragende sind die „kleinen Leute“, wie Handwerker, Bauern, Tagelöhner und einfache Arbeiter. Ab 1840 verschlechtert sich die Ernährungslage durch Missernten und kalte Winter. Im Winter 1878 kommt es in Berlin zur „Kartoffelrevolution“. Hungernde Menschen stürmen Kartoffelstände auf den Märkten der Stadt und fordern vom König preiswerte Lebensmittel.

Vinzenz Katzler: Sturm auf die Kartoffelstände (1847)

1. Im Hungerlied beschreiben die Menschen ihre Nöte. Wogegen protestieren sie? Was fordern sie vom König?

____

____

____

Das Hungerlied
Georg Weerth (1822–1856)

Verehrter Herr und König,
Kennst du die schlimme Geschicht?
Am Montag aßen wir wenig,
Und am Dienstag aßen wir nicht.

Und am Mittwoch mussten wir darben
Und am Donnerstag litten wir Not;
Und ach, am Freitag starben
Wir fast den Hungertod!

Drum lass am Samstag backen
Das Brot fein säuberlich –
Sonst werden wir sonntags packen
Und fressen, o König, dich!

Über die Grenzen hinaus bekannt wird der Aufstand der Weber in Schlesien, den das preußische Militär gewaltsam und blutig niederschlägt.

2. Recherchiere im Internet zum Weberaufstand. Notiere die Ergebnisse.

Ursachen: ______________________

____

____

Verlauf: ______________________

____

____

____

____

____

Ergebnis: ______________________

____

____

____

____

____

Das Elend in Schlesien.

Karikatur zum Weberaufstand (1848)

Das Revolutionsjahr 1848

Name: ______________________

Datum: ______________________

Im Frühjahr 1848 kommt es überall in Europa zu Volksaufständen. In Paris wird der französische König zum Rücktritt gezwungen. In Wien flieht Fürst Metternich vor dem Zorn des Volkes aus seinem Amt. Ermutigt durch die Revolutionen im Ausland versammeln sich im März 1848 Tausende von Menschen vor dem Berliner Schloss. Sie fordern von König Wilhelm IV. mehr Freiheiten, eine demokratische Verfassung und die Verbesserung der Lebensverhältnisse.

Der König lässt Truppen aufmarschieren. Als sich aus Versehen mehrere Schüsse lösen, kommt es zur Panik. Überall in der Stadt suchen die Bürger Schutz hinter Barrikaden. Nach heftigen Kämpfen mit mehr als 200 Toten ziehen sich die königlichen Truppen zurück. Die Toten werden vor dem Schloss aufgebahrt. Der König muss sich vor den Opfern verneigen. Er verspricht Pressefreiheit, die Einberufung einer Nationalversammlung zur Erarbeitung einer Verfassung und die Einführung einer schwarz-rot-goldenen Nationalflagge. Auch in Berlin hat die Revolution gesiegt.

1. Verfasse einen kurzen Zeitungsbericht über die Ereignisse vom März 1848.

Barrikadenkämpfe in Berlin

Berlin, 19. März 1848 ______________________

Barrikadenkämpfe am Alexanderplatz in Berlin

____

____

____

____

____

____

____

____

____

2. Welche Forderungen stellen die Bürger? Welche Versprechen macht Wilhelm IV.? Trage in die Sprechblasen ein.

Die Frankfurter Nationalversammlung

Name: ______________________

Datum: ______________________

Noch im Frühjahr 1848 finden in ganz Deutschland Wahlen zur Nationalversammlung statt. Wahlberechtigt sind alle beruflich selbstständigen Männer, nicht aber die Frauen. Am 18. Mai 1848 kommen die Abgeordneten, meist Juristen, Professoren und Beamte, zur feierlichen Eröffnung der Beratungen in der Frankfurter Paulskirche zusammen. Ziel ist es, eine demokratische Verfassung für den Deutschen Bund zu schaffen. Am 27. Dezember 1848 verabschieden die Abgeordneten eine Erklärung der Grundrechte.

Paulskirche zur Zeit der Nationalversammlung

1. Recherchiere im Internet die Verfassung des Deutschen Reiches von 1848. Fasse die Paragrafen 138–144 in eigenen Worten kurz zusammen.

Reichsverfassung von 1848 - Die Grundrechte

§ 138 ______________________

§ 139 ______________________

§ 140 ______________________

§ 141 ______________________

§ 142 ______________________

§ 143 ______________________

§ 144 ______________________

2. Vergleiche die Grundrechte mit der Verfassung der Bundesrepublik Deutschland. In welchen Punkten lassen sich Übereinstimmungen feststellen?

____

Das Lied der Deutschen

Name: ______________________

Datum: ______________________

Einigkeit und Recht und Freiheit
Für das deutsche Vaterland!
Danach lasst uns alle streben
Brüderlich mit Herz und Hand!

Einigkeit und Recht und Freiheit
Sind des Glückes Unterpfand* –
Blüh' im Glanze dieses Glückes,
Blühe, deutsches Vaterland!

**Garantie, Sicherheit*

1. **Die abgebildete Person schrieb 1841 den Text für das Lied der Deutschen. Recherchiere im Internet Informationen zum Verfasser. Schreibe neben das Bild.**

2. **Welche Forderungen kommen im Liedtext zum Ausdruck?**

3. **Wer stellt diese Forderungen? Kreuze an und begründe deine Entscheidung.**

○ die Fürsten ○ die Bürger ○ der Kaiser

4. **In welchen Zeilen des Liedtextes wird der Ruf nach nationaler Einheit deutlich? Notiere sie.**

5. **Welche Bedeutung hat das Lied für die Menschen?**

6. **Recherchiere weitere Informationen zum Lied der Deutschen im Internet. Wann wurde das Lied zur Nationalhymne? Von wem stammt die Musik? Gibt es weitere Strophen?**

Schwarz-Rot-Gold

Name: ____________________

Datum: ____________________

Die Bundesflagge besteht aus drei gleich breiten Querstreifen, oben schwarz, in der Mitte rot, unten goldfarben, das Verhältnis der Höhe zur Länge des Flaggentuches ist wie 3 zu 5.

Aus: Gesetz zur Anordnung über die deutschen Flaggen vom 13.11.1996

Über den Ursprung der Farben Schwarz, Rot und Gold gibt es verschiedene Theorien. So trugen deutsche Soldaten in den Befreiungskriegen gegen Napoleon schwarze Uniformen mit roten Aufschlägen und goldfarbenen Knöpfen. Beim Hambacher Fest trafen sich die Menschen unter schwarz-rot-goldenen Farben, um für mehr Demokratie zu demonstrieren. Dabei kann die Bedeutung der Farben so begründet werden: Schwarz steht für Unfreiheit und Unterdrückung. Rot ist die Farbe des Protestes, den viele Menschen mit dem Leben bezahlen mussten, und Gold die Farbe für eine Zukunft in Freiheit.

1. In welcher zeitlichen Abfolge verliefen die folgenden Geschehnisse? Nummeriere die Textteile von 1 bis 7.

○ Die Flagge des deutschen Bundes von 1848–1866 ist schwarz-rot-golden.

○ In den Befreiungskriegen gegen Napoleon tragen deutsche Soldaten schwarze Uniformen mit roten Aufschlägen und goldenen Knöpfen.

○ Studentische Burschenschaften führen auf dem Wartburgfest eine Fahne in den Farben Schwarz und Rot mit goldenen Fransen.

○ In der Weimarer Republik, der ersten Demokratie auf deutschem Boden, wird die schwarz-rot-goldene Fahne zur Nationalflagge.

○ Auf dem Hambacher Fest werden schwarz-rot-goldene Fahnen gezeigt.

○ Seit 1990 hat das wiedervereinte Deutschland eine einheitliche schwarz-rot-goldene Nationalflagge.

○ Nach dem Zweiten Weltkrieg gibt es zwei deutsche Staaten. Beide haben eine schwarz-rot-goldene Flagge. Die Fahne der DDR trägt ein Wappen mit Hammer, Zirkel und Ähren.

2. Recherchiere im Internet für die angegebenen Zeitabschnitte die Farben der Flaggen. Färbe ein.

1871–1918 Deutsches Kaiserreich

1919–1933 Weimarer Republik

1933–1945 Deutsches Reich

seit 1949 Bundesrepublik Deutschland

Die Revolution scheitert

Name: ____________________

Datum: ____________________

Während die Abgeordneten der Nationalversammlung noch über die Verfassung diskutieren und darüber beraten, welche Länder zum Deutschen Reich gehören sollen oder wie das Wahlrecht zu gestalten ist, erobern die Fürsten des Deutschen Bundes nach und nach ihre Macht zurück. Sie behindern die Arbeit der Parlamente und schränken die Versammlungsfreiheit ein. Im November besetzen preußische Truppen Berlin. Anhänger der Revolution werden verfolgt. Im März 1849 entscheidet die Nationalversammlung in Frankfurt, dass der König von Preußen deutscher Kaiser werden soll. Doch Wilhelm IV. lehnt es ab, sich von Volksvertretern zum Kaiser krönen zu lassen. Damit ist die Revolution gescheitert. Die Nationalversammlung wird gewaltsam aufgelöst. Preußen und Österreich beschließen 1850 die Wiederherstellung der alten Ordnung. Die Grundrechte für die Menschen und die Beschlüsse zur Verfassung werden wenig später aufgehoben.

Freiburg im Jahr 1848

Karikatur: Wilhelm IV. lehnt die Kaiserkrone ab

Wilhelm IV. begründet in einem Brief die Ablehnung der Kaiserkrone:

> Einen solchen imaginären Reif, aus Dreck [...], soll ein legitimer König von Gottes Gnaden und nun gar der König von Preußen sich geben lassen? [...] Ich sage es rund heraus: Soll die tausendjährige Krone deutscher Nation, die 42 Jahre geruht hat, wieder einmal vergeben werden, so bin ich es und meinesgleichen, die sie vergeben werden. Und wehe dem, der sich anmaßt, was ihm nicht zukommt!
>
> *Leopold v. Ranke: Aus dem Briefwechsel Friedrich Wilhelms IV. mit Bunsen, Leipzig 1873, S. 235*

„Soll ich? ... Soll ich nicht? ... Soll ich!? Knöppe ... ihr wollt! Nu jerade nicht!!"

1. Warum lehnt der König von Preußen die Kaiserkrone ab? Begründe.

____

____

2. Bewerte den Erfolg der Revolution mit eigenen Worten.

____

____

____

Ein Lied untersuchen

Name: ______________________

Datum: ______________________

Lieder haben vielfältige Funktionen. So gibt es Arbeiter-, Friedens- und Protestlieder, aber auch Volkslieder, Schlager und Lieder für verschiedene Anlässe. Lieder und ihre Texte eignen sich besonders gut als Mittel zur historischen Auseinandersetzung mit Stimmungen und Wirkungsabsichten. Das folgende Lied wurde 1871 zur Kaiserhymne des Deutschen Reiches und zu vielen Anlässen gesungen. Die Melodie stammte von dem englischen Vorbild „God save the King".

1. Notiere wichtige Signalwörter des Textes.

____

____

2. Überlege, zu welchen Anlässen das Lied gesungen wurde.

____

____

3. Recherchiere im Internet und höre dir das Lied an.
Welche Stimmungen und Botschaften sollen durch das Lied vermittelt werden?

____

____

Vorwissen und Fragen zum Thema

Name: ______________________
Datum: ______________________

1. Was weißt du schon? Notiere deine Ideen zum Thema „Das Deutsche Kaiserreich" in den Gedankenblasen.

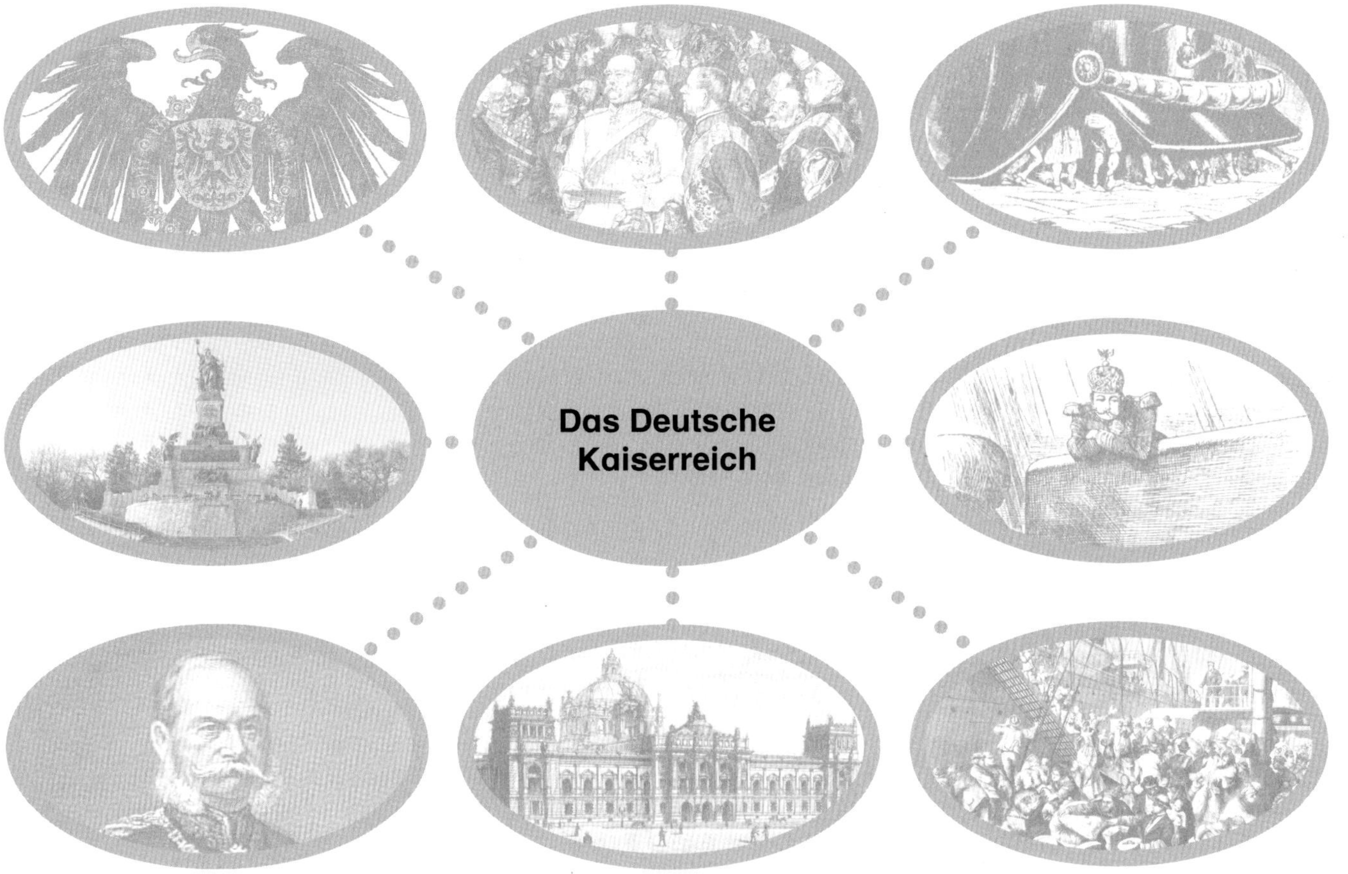

2. Was möchtest du erfahren? Formuliere Fragen zum Thema.

- ____?
- ____?
- ____?
- ____?
- ____?
- ____?

Der Weg zum Deutschen Kaiserreich

Name: ______________________

Datum: ______________________

Otto von Bismarck

1862 wird Otto von Bismarck vom König zum Ministerpräsidenten von Preußen ernannt. Als Politiker hat sich Bismarck schon in der Revolution von 1848 für den König und die Vorherrschaft Preußens in Deutschland eingesetzt. Als eine der ersten Maßnahmen setzt Bismarck die Erhöhung der Militärausgaben durch. 1864 erklärt Dänemark die Herzogtümer Schleswig und Holstein widerrechtlich zum dänischen Staatsgebiet. Bismarck reagiert sofort. Es kommt zum Deutsch-Dänischen Krieg. Preußen und Österreich besiegen gemeinsam Dänemark. Das Land muss beide Herzogtümer zurückgeben. Doch die Eintracht zwischen Österreich und Preußen ist von kurzer Dauer. Bismarck strebt ein deutsches Reich unter Preußens Führung an. Dabei steht ihm Österreich im Wege. 1866 beginnt der Deutsch-Österreichische Krieg. Preußen siegt. Österreich muss den Deutschen Bund verlassen. An dessen Stelle tritt der Norddeutsche Bund mit Preußen an der Spitze. Als Kanzler des Norddeutschen Bundes schließt Bismarck mit den süddeutschen Staaten ein Militärbündnis. 1870 kommt es zum politischen Konflikt zwischen Frankreich und dem Norddeutschen Bund unter der Führung Preußens. Grund dafür ist eine mögliche deutsche Thronfolge in Spanien. Frankreich fühlt sich durch Preußen bedroht, erklärt den Krieg und marschiert in deutsche Gebiete ein. Die süddeutschen Staaten kämpfen an der Seite des Norddeutschen Bundes gegen Frankreich. Frankreich verliert den Krieg. 1871 entsteht das Deutsche Reich. Neben England, Russland, Frankreich und Österreich-Ungarn gibt es jetzt eine fünfte europäische Großmacht.

1. Notiere die Jahreszahl und das historische Ereignis.

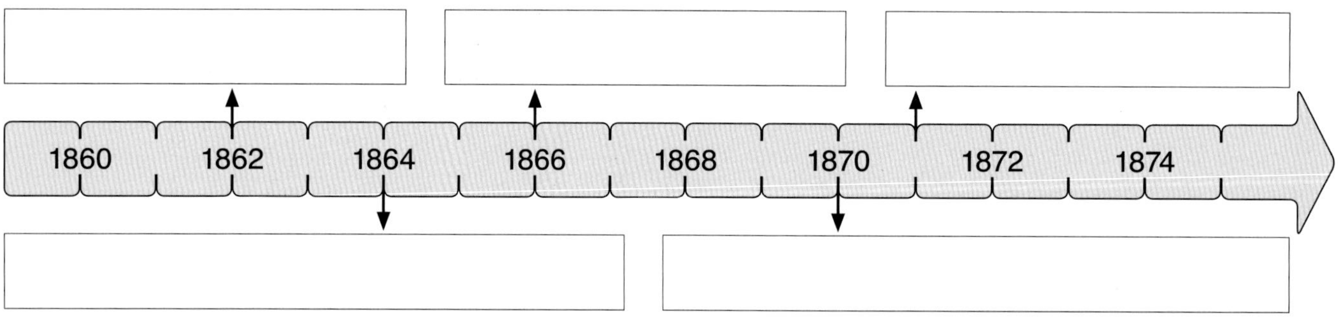

2. Richtig oder falsch? Kreuze an.

	richtig	falsch
Österreich steht der Vorherrschaft Preußens in Deutschland im Weg.		
Preußen unterliegt Österreich im Deutsch-Österreichischen Krieg.		
Unter der Führung Preußens wird der Norddeutsche Bund gegründet.		
Frankreich verliert den Krieg gegen die deutschen Staaten.		

3. Bewerte die Aussage Bismarcks. Was meint er mit „Eisen und Blut"?

Aus einer Rede Bismarcks (1862) vor dem preußischen Parlament

„... nicht durch Reden oder Mehrheitsbeschlüsse werden die großen Fragen der Zeit entschieden – das ist der große Fehler von 1848 und 1849 gewesen – sondern durch Eisen und Blut ..."

Aus: Schönbrunn, G.: Geschichte in Quellen, München 1970, S. 312

Das Deutsche Kaiserreich

Name: ______________________

Datum: ______________________

1. Setze die Lösungswörter richtig in den Text ein.

Elsass | Flagge | Frankreich | Freiheitsbewegung | Kaiser | König | Kriegsentschädigung | Preußen

Der Deutsch-Französische Krieg geht siegreich für die ______________ und seine Verbündeten aus. Nach der Gefangennahme des französischen Kaisers im Sommer 1870 muss ______________ im Mai 1871 die harten Friedensbedingungen der Sieger akzeptieren. Zusätzlich zur hohen ______________________ von 5 Milliarden Franc in Gold muss Frankreich die Gebiete ______________ und Lothringen an das Deutsche Reich abtreten. Im Spiegelsaal des Schlosses von Versailles wird der preußische ___________ Friedrich Wilhelm zum ______________ des Deutschen Reiches ernannt. Damit ist Deutschland zum Kaiserreich geworden und nicht zur demokratischen Republik, wie es die ______________________ von 1848 gefordert hatte. Die ______________ des Reiches hat die Farben Schwarz-Weiß-Rot.

2. Viele Franzosen sind über die Friedensbedingungen empört. Nenne Gründe.

____

____

3. Vergleiche das Deutsche Kaiserreich und die Bundesrepublik Deutschland. Recherchiere fehlende Daten im Internet.

	Deutsches Kaiserreich	Bundesrepublik Deutschland
Flagge		
Staatsform		
Staatsoberhaupt		
Regierungschef		
Hauptstadt		
Gesamtfläche	ca. 540 000 km^2	
Einwohnerzahl	1900: ca. 60 Mio.	

Karikatur aus der Zeitschrift „Kikeriki“ (1870)

4. Beschreibe die Karikatur zum Deutschen Kaiserreich.

____

____

5. Was kritisiert der Künstler? Formuliere eine politische Aussage.

____

____

____

Die Kaiserproklamation 1871

Name: ______________________

Datum: ______________________

Am 18.1.1871 wird Wilhelm I. im Schloss von Versailles zum deutschen Kaiser ernannt. Ein Gemälde von Anton von Werner – 1885 im Auftrag von Kaiser Wilhelm erstellt und als Geschenk für Bismarck gedacht – zeigt dieses Ereignis.

Anton von Werner: Kaiserproklamation im Spiegelsaal von Versailles (1885)

1. **Betrachte das Bild. Was fällt dir auf?**

____

____

____

2. **Suche die Personen der Bildausschnitte auf dem großen Bild. Kreise sie ein.**

Kaiser Wilhelm I. und Großherzog Friedrich von Baden

Bismarck und General von Moltke

Offiziere und Würdenträger des Deutschen Reiches

3. **Die Offiziere auf dem Bild rufen etwas. Notiere deine Ideen.**

____

____

____

4. **In der Mitte des Bildes steht Bismarck. Eigentlich trug er bei der Proklamation eine blaue Uniform. Welche Wirkung will der Künstler mit seiner Darstellung erreichen?**

____

____

____

Bevölkerung und Gesellschaft

Name: ______________________

Datum: ______________________

Die Gesellschaft des Kaiserreiches ist geprägt durch den Wandel zum Industriestaat. Von der Reichsgründung 1871 bis zum Jahre 1910 steigt die Einwohnerzahl Deutschlands stetig. Das erhebliche Wachstum der Bevölkerung erklärt sich durch die hohen Geburtenraten im Deutschen Reich und die länger werdende Lebenserwartung der Menschen. Die Gründe dieser Entwicklung sind eine verbesserte medizinische Versorgung, technologische Fortschritte und sozialwirtschaftliche Errungenschaften, wie Gas-, Wasser- und Stromversorgung.

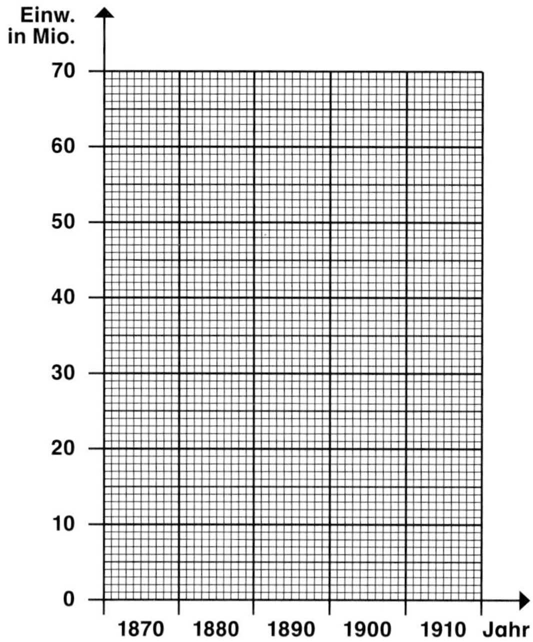

1. Stelle die Bevölkerungszahlen in einem Säulendiagramm dar.

Bevölkerungsentwicklung im Deutschen Reich (1871–1918):

1870	1880	1890	1900	1910
40 Mio.	45 Mio.	49 Mio.	56 Mio.	64 Mio.

Quelle: http://de.wikipedia.org/wiki/Deutsches_Kaiserreich

An der Spitze der Gesellschaft steht nach wie vor der Adel. Neben dem Kaiser zählen der alte Landadel, der neue Offiziersadel und der hohe Beamtenadel dazu. Dem Adel folgt das Bürgertum. Zu dieser Gesellschaftsschicht gehören das Großbürgertum (Unternehmer, Bankiers, Großhändler), das Bildungsbürgertum (Ärzte, Anwälte, Wissenschaftler) und das Kleinbürgertum (Handwerker, Gewerbetreibende, Angestellte). Auf der untersten Stufe der Gesellschaft ist die Arbeiterschaft zu finden. Zu ihr gehören Kleinbauern, Tagelöhner und die große Gruppe der Industriearbeiter.

2. Erstelle aus den Informationen des Textes eine Gesellschaftspyramide. Trage Personengruppen ein, die zu den verschiedenen Gesellschaftsschichten gehören.

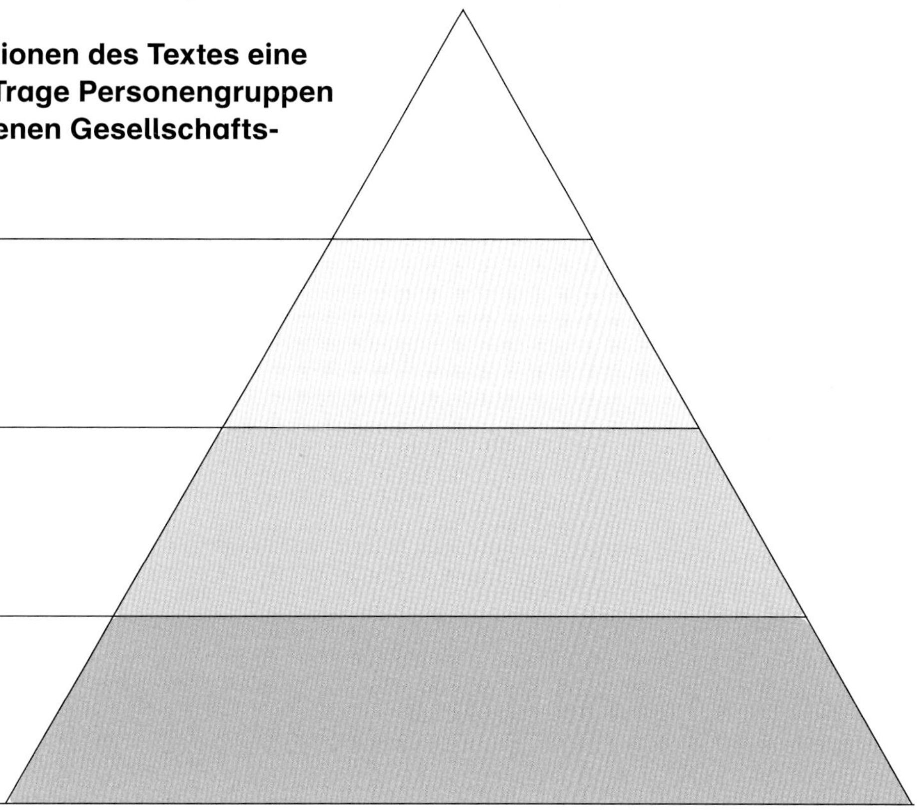

Adel

Bürgertum

Arbeiter

Die Verfassung des Deutschen Kaiserreiches

Name: ______________________

Datum: ______________________

1871 schließen sich die deutschen Staaten unter Führung Preußens zum Deutschen Reich zusammen. Die neue Verfassung des Reiches muss auf die Bedürfnisse der 25 deutschen Länder, die von Königen und Fürsten regiert werden, Rücksicht nehmen. Im Zentrum stehen Bundesrat und Reichstag. Der Bundesrat ist die Vertretung der Länder. 17 der 58 Mitglieder des Bundesrates kommen aus Preußen. Der Bundesrat hat mehr Befugnisse als der vom Volk gewählte Reichstag. Über große Macht verfügt der Reichskanzler. Er führt im Auftrag des Kaisers die Regierungsgeschäfte.

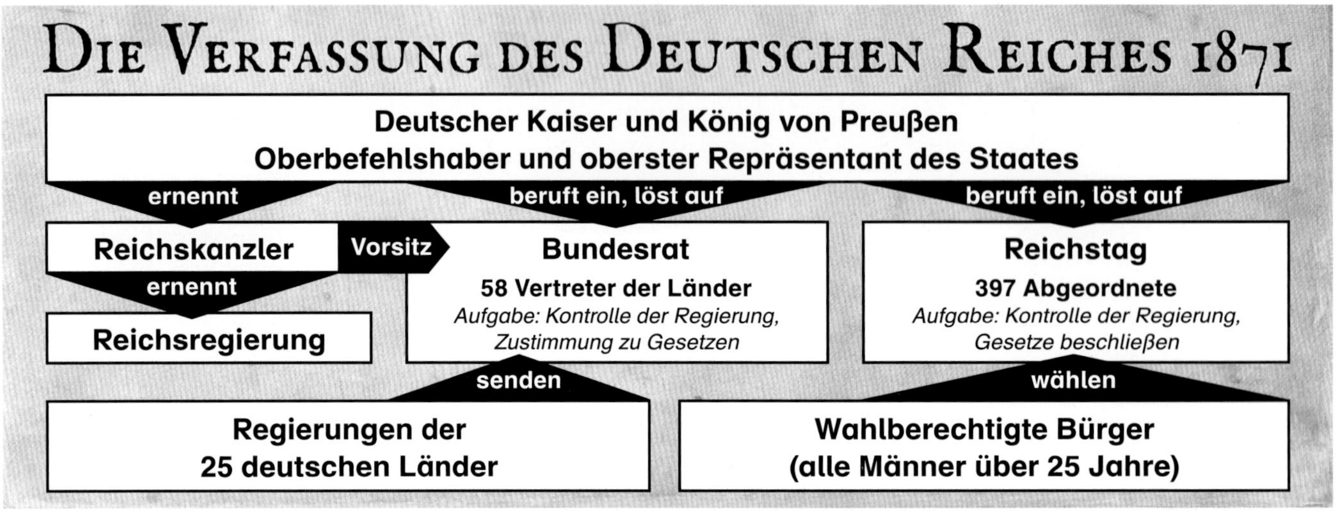

1. Beantworte die folgenden Fragen zum Schaubild.

Wer ist wahlberechtigt? Wer wird gewählt?

____

Wer steht an der Spitze des Deutschen Reiches? Welche Aufgaben fallen der Person zu?

____

____

Wer gehört zum Bundesrat? Wer ist der Vorsitzende?

____

Über welche Institution hat der Reichskanzler Einfluss auf die Gesetzgebung?

____

2. Ist die Vormachtstellung Preußens deiner Meinung nach berechtigt? Begründe.

____

____

**3. Stelle Vergleiche zur Bundesrepublik Deutschland an.
Orientiere dich dabei an den Fragestellungen von Aufgabe 1.**

____

____

____

Rolf Breiter/Karsten Paul: Geschichte handlungsorientiert: Neuere Geschichte

Sozialistengesetze – Das Verbot der Sozialdemokratie

Name: ______________________

Datum: ______________________

Sozialdemokratische Abgeordnete im Reichstag

1871	1874	1878	1884	1890	1898	1904	1912
2	9	9	24	35	56	81	112

Quelle: http://de.wikipedia.org/wiki/Reichstag_%28Deutsches_Kaiserreich%29

Die Sozialdemokraten vertreten die Interessen der Arbeiter und bekämpfen die Vorrechte des Adels. Bei den Reichstagswahlen gewinnt die Partei zunehmend an Einfluss. Reichskanzler Otto von Bismarck, der die Sozialdemokraten als „Reichsfeinde" ablehnt, sucht deshalb nach Möglichkeiten, den Einfluss der Sozialdemokraten einzuschränken. Auch wenn die Partei nachweislich nichts damit zu tun hat, nutzt er zwei Attentate auf den Kaiser dazu, 1878 ein Gesetz zum Verbot der Sozialdemokratie durch den Reichstag beschließen zu lassen. Es werden Verbote, Verhaftungen und Gefängnisstrafen verhängt. Bei Wahlen dürfen der SPD nahestehende Kandidaten nur noch als Einzelpersonen kandidieren. Doch Bismarck erreicht sein Ziel nicht. Die Sozialdemokraten schließen sich enger zusammen. Sie treffen sich unter dem Deckmantel von Sport- und Gesangsvereinen, um politische Ideen und Aktionen zu beraten. Als das Sozialistengesetz 1890 zurückgenommen wird, ist die Partei deutlich erstarkt.

1. **Wie entwickelte sich die Zahl der sozialdemokratischen Abgeordneten im Zeitraum des Sozialistengesetzes?**

____

____

GESETZ
gegen die gemeingefährlichen Bestrebungen der Sozialdemokratie

§ 1: Vereine, welche durch sozialdemokratische, sozialistische und kommunistische Bestrebungen den Umsturz der bestehenden Staats- oder Gesellschaftsordnung bezwecken, sind zu verbieten.

§ 17: Wer an einem verbotenen Vereine als Mitglied sich betheiligt, [...], wird mit Geldstrafe bis zu fünfhundert Mark oder mit Gefängniß bis zu drei Monaten bestraft.

§ 18: Wer für einen verbotenen Verein oder für eine verbotene Versammlung Räumlichkeiten hergiebt, wird mit Gefängniß von Einem Monat bis zu Einem Jahre bestraft.

§ 19: Wer eine verbotene Druckschrift [...] verbreitet, [...], wird mit Geldstrafe bis zu eintausend Mark oder mit Gefängniß bis zu sechs Monaten bestraft.

Gegeben Potsdam, den 21. Oktober 1878. Im Allerhöchsten Auftrage Seiner Majestät des Kaisers: Friedrich Wilhelm. Kronprinz. Fürst v. Bismarck

Quelle: http://de.wikisource.org/wiki/Gesetz_gegen_die_gemeingef%C3%A4hrlichen_Bestrebungen_der_Sozialdemokratie_%28Sozialistengesetz%29

2. **Warum fordert Bismarck ein Verbot der SPD? Wie begründet er das Vorhaben?**

____

____

Hausdurchsuchung (zeitgenössischer Holzschnitt)

3. **Welche Folgen hat das Gesetz für die Sozialdemokraten?**

____

____

4. **Bewerte die Sozialistengesetze. Wurde die Schwächung der Sozialdemokratie erreicht?**

____

____

Bismarck – ein genialer Politiker?

Name: ______________________

Datum: ______________________

Kaiser Wilhelm I. überlässt Bismarck die politischen Geschäfte. Deshalb bestimmt seit 1871 Otto von Bismarck als Reichskanzler die Politik im Deutschen Reich.

... betreibt nach außen eine Friedens- und Bündnispolitik.

... gründet das Deutsche Reich ohne Österreich.

... verbietet sozialistische Zeitungen und Vereine.

... kämpft gegen den politischen Einfluss der katholischen Kirche.

... verzichtet auf Gebietsvergrößerungen in Europa.

... führt Sozialgesetze, wie Krankenversicherung u. a., ein.

... isoliert außenpolitisch Frankreich.

... entscheidet sich nach anfänglichem Widerstand für Kolonien.

... will Zweifrontenkrieg verhindern.

... führt die Reichsmark als Währung ein.

1. **Ordne die politischen Entscheidungen Bismarcks den entsprechenden Bereichen zu. Färbe ein: Innenpolitik blau, Außenpolitik grün.**

2. **Bewerte die innen- und außenpolitischen Maßnahmen Bismarcks. Sind die politischen Entscheidungen aus deiner Sicht sinnvoll?**

____

____

3. **Erstelle auf einem Extrablatt einen tabellarischen Lebenslauf des Politikers Otto von Bismarck. Recherchiere dazu im Internet.**

Otto von Bismarck

Geburtstag und Ort:

Todestag und Ort:

Schulische Bildung und Studium:

Ehefrau und Kinder:

Politischer Werdegang:

Das Dreikaiserjahr

Name: ______________________

Datum: ______________________

Das Jahr 1888 geht als Dreikaiserjahr in die Geschichte ein. Drei Kaiser folgen im gleichen Jahr aufeinander. Im März 1888 stirbt der erste Kaiser des Deutschen Reiches Wilhelm I. Ihm folgt sein schon schwerkranker Sohn Friedrich III., dessen Regierungszeit nur 99 Tage dauert. Im Juni 1888 wird Friedrichs Sohn Wilhelm II. im Alter von 29 Jahren zum Kaiser des Deutschen Reiches.

1. Lies die folgenden Informationen und ordne sie in Stichworten den Personen zu.

Der am 22. März 1797 geborene Wilhelm wird 1871 als König von Preußen zum ersten deutschen Kaiser gekrönt. Während seiner Regierungszeit hält er sich weitgehend aus der Politik heraus und vertraut bei wichtigen politischen Entscheidungen auf das Urteil seines Reichskanzlers Bismarck. Um das Nationalbewusstsein der Deutschen zu stärken, lässt Wilhelm eine Vielzahl von Denkmälern errichten. Am 9. März 1888 stirbt er im Alter von fast 91 Jahren.
Friedrich wird am 18. Oktober 1831 als Sohn von Kaiser Wilhelm I. geboren und nach dem Tode seines Vaters als Friedrich III. zum Kaiser des Deutschen Reiches. Am 15. Juni 1888 verstirbt Friedrich III. im Alter von 56 Jahren. Seine Amtszeit hat nur drei Monate gedauert.
Wilhelm II. wird am 27. Januar 1859 geboren. Sein Großvater ist Wilhelm I. Am 15. Juni 1888 wird Wilhelm II. zum deutschen Kaiser. Er will selbst die Politik bestimmen und entlässt deshalb seinen Reichskanzler Bismarck. Nach dem Ersten Weltkrieg muss Wilhelm II. am 9. November 1918 als Kaiser zurücktreten. Er stirbt am 4. Juni 1941 im Exil in den Niederlanden.

Wilhelm I.

____

____

____

____

____

Friedrich III.

____

____

____

____

____

Wilhelm II.

____

____

____

____

____

2. Welche besondere Bedeutung hat das Jahr 1888 in der deutschen Geschichte?

____

3. Recherchiere und erstelle eine Liste der Nationaldenkmäler aus dem Kaiserreich.

____

____

Denkmäler

Name: ______________________

Datum: ______________________

Nach Gründung des Deutschen Reiches wurden überall im Land Krieger-, Sieges- oder Ehrendenkmäler errichtet. Denkmäler sind für einen ganz bestimmten Zweck errichtete Bauwerke. Sie erinnern an historische Ereignisse, an Persönlichkeiten aus Politik oder Bildung, aber auch an Gefallene der Kriege.

1. Finde heraus, wo folgende Denkmäler stehen. An wen oder woran erinnern sie?

Niederwalddenkmal

Standort: ______________________

____

Erinnert an: ______________________

____

Völkerschlachtdenkmal

Standort: ______________________

____

Erinnert an: ______________________

____

Porta Westfalica

Standort: ______________________

____

Erinnert an: ______________________

____

2. Untersuche ein Denkmal in der Nähe deines Schul- oder Wohnortes. Erstelle einen Steckbrief anhand der Stichpunkte. Klebe auch ein Foto ein.

Name des Denkmals: ______________________

Standort: ______________________

Größe: ______________________

Material: ______________________

Einweihung: ______________________

Wer oder was ist dargestellt? ______________________

____

An wen oder was soll es erinnern? ______________________

____

Welche Inschrift trägt es? ______________________

____

Sonstiges: ______________________

Das Reichstagsgebäude

Name: ____________________

Datum: ____________________

Reichstagsgebäude nach Entwurf des Architekten (1882)

Die Grundsteinlegung für das Reichstagsgebäude findet am 9. Juni 1884 statt. Am 5. Dezember 1894 wird der letzte Stein durch Kaiser Wilhelm II. gesetzt. Einen Tag später findet die erste Parlamentssitzung statt. 397 Abgeordnete finden im holzgetäfelten Plenarsaal Platz. Im sechsgeschossigen Gebäude gibt es außerdem verschiedene Sprechzimmer, Wasch- und Umkleideräume, eine Garderobe und einen Lesesaal. Der Reichstag hat ein eigenes Kraftwerk zur Stromversorgung, eine zentrale Heizungsanlage, Telefone und – für die damalige Zeit nicht selbstverständlich – Toiletten mit Wasserspülung. Besonders auffällig sind die 75 m hohe Glaskuppel ① direkt über dem Plenarsaal und die vier 40 m hohen Ecktürme ②, die das Gebäude begrenzen. Auf der Spitze der Glaskuppel thront die Kaiserkrone ③. Über der Spitze des Hauptportals ④ steht die Germaniagruppe ⑤. Im Giebel sieht man das Reichswappen ⑥. Reichswappen, Kaiserkrone und Germaniagruppe symbolisieren die Einheit des Reiches. Die Inschrift im Giebel ist nachträglich im Jahre 1916 angebracht worden.

Inschrift im Portal des Reichstages

1. Kennzeichne in den Bildern die angegebenen Baumerkmale mit entsprechenden Zahlen.

2. Richtig oder falsch? Kreuze an.	richtig	falsch
Kaiser Wilhelm II. legte den Grundstein.		
Kaiser Wilhelm II. war bei der letzten Steinsetzung anwesend.		
Die Bauzeit betrug zehn Jahre.		
Am 6. Dezember 1894 fand die erste Sitzung im Plenarsaal statt.		
Alle 390 Abgeordnete nahmen an der Sitzung teil.		
Die Inschrift im Giebel des Hauptportals wurde 1916 angebracht.		

3. Verfasse einen Zeitungsartikel über die Eröffnung des Reichstagsgebäudes im Kaiserreich. Notiere im Heft.

4. Recherchiere die wechselvolle Geschichte des Reichstagsgebäudes bis zur Gegenwart.

„Der Lotse geht von Bord“

Name: ______________________

Datum: ______________________

Kaiser Wilhelm II. fordert schon kurz nach seiner Krönung eine risikoreichere Außenpolitik. Sein Ziel ist es, Deutschland zur Weltmacht zu machen und Kolonien zu erwerben. Bismarck hält diese Politik für falsch und warnt davor, dass sie Deutschland in einen Krieg verwickelt. Die politischen Differenzen führen zum Bruch zwischen dem neuen Kaiser und seinem Kanzler.
1890 muss Bismarck von seinem Amt zurücktreten.

Eine berühmt gewordene Karikatur der englischen Zeitschrift „Punch“ aus dem Jahre 1890 beschreibt dieses Ereignis unter der Überschrift „Dropping the Pilot“ (Entlassung des Lotsen).

1. Notiere die Namen und die politische Funktion der abgebildeten Personen. Beschreibe danach deren Aussehen und Körperhaltung.

John Tenniel: Der Lotse geht von Bord (1890)

2. Der Künstler stellt mit seiner Karikatur Vergleiche zur Seefahrt an, um politische Aspekte zu beschreiben. Ordne zu.

Kapitän	Lotse	Schiff	Meer

Deutsches Reich	Wilhelm II.	Bismarck	Außenpolitik

3. Erkläre, worauf der Künstler aufmerksam machen will. Formuliere eine Aussage.

Menschen wandern aus

Name: ______________________

Datum: ______________________

1. Setze die Lösungswörter richtig in den Text ein.

Auswanderer	Heimat	Landweg	Not	Passagiere	Religion
Schlafplätze	Segelschiffes	Verpflegung	Versorgung	Wohlstand	

Im 19. Jahrhundert verlassen viele Menschen ihre ______________. Dafür gibt es unterschiedliche Gründe. Manche Menschen wandern aus, weil die Politik sie an der Ausübung ihrer ______________ hindert. Andere verlassen ihre Heimat aus wirtschaftlicher ________. Sie wünschen sich Arbeit, eine sorgenfreie Zukunft und mehr ____________________. Viele Menschen wollen politisch frei leben und werden in ihrer Heimat unterdrückt oder verfolgt. Deshalb müssen sie das Land verlassen. ______________________ aus dem Deutschen Reich nehmen viele Unannehmlichkeiten in Kauf. Oft reisen sie monatelang auf dem ____________________ zu einem der deutschen Häfen. Endlich an Bord eines ______________________ angekommen, finden sie dort katastrophale Verhältnisse vor. In ein Schiff, das 250 Personen aufnehmen kann, werden Zwischendecks eingezogen, um mehr ____________________________ zu befördern. So können über 500 Personen untergebracht werden. Als ________________________ dienen übereinander stehende Holzkojen. Es mangelt an Belüftung, Beleuchtung und sanitären Anlagen. ____________________ auf der oft wochenlangen Überfahrt ist Mangelware. Eine medizinische ________________________ gibt es nicht.

Menschen drängen auf ein Auswandererschiff

2. Warum wandern Menschen aus? Notiere Gründe.

____

____

3. Fertige einen Bericht über die Situation an Bord bis zur Ankunft in New York an.

____

____

____

____

____

4. Recherchiere im Internet zur Auswanderung aus dem Deutschen Reich. Notiere die drei großen Auswanderungswellen.

1. ________________ 2. ________________ 3. ________________

Literatur- und Quellenverzeichnis

Literaturverzeichnis

1. Monografien, Sammelbände, Zeitschriften

Bahr, M. / Eßer, M u. A.: Durchblick Geschichte-Erdkunde 5/7. Braunschweig: Westermann, 2013

Breiter, R. / Paul, K.: Zeiten 2 (Lehrerhandreichungen). Troisdorf: Bildungsverlag Eins, 2002

Breiter, R. / Paul, K.: Zeiten 2. Troisdorf: Bildungsverlag Eins, 2004

Breiter, R. / Paul, K.: Praxisbuch Zeiten. Troisdorf: Bildungsverlag Eins, 2007

Christmann, H.: Technikgeschichte in der Schule. Ravensburg: Otto Maier, 1976

Christoffer, S. u. A.: Zeitreise 2. Leipzig: Klett, 2009

Eichhorn, F. / Jeckel, K. / Jeckel, A: Trio 7/8. Braunschweig: Schroedel, 2007

Geschichte mit Pfiff: Deutschlands Kolonien, Heft 11/1999. Nürnberg: Sailer

Hein, Chr.: Duden: Technik Basiswissen Schule. Mannheim: Brockhaus, 2004

Heimbrock, C.: Geschichte Spielen. Handlungsorientierter Geschichtsunterricht in der Sekundarstufe I. Donauwörth: Auer, 1996

Liedke, H.: Die industrielle Revolution. Stuttgart: Ullstein, 2012

Lundt, B.: Europas Aufbruch in die Neuzeit 1500–1800. Darmstadt: Primus, 2009

Matthes, M.: Technik zwischen bürgerlichem Idealismus und beginnender Industrialisierung in Deutschland. Düsseldorf: VDI, 1986

Nipperdey, T.: Deutsche Geschichte 1866–1918. München: C. H. Beck, 1990

Osterhammel, J.: Kolonialismus. Geschichte – Formen – Folgen. München: C. H. Beck, 2001

Ploetz: Lexikon der deutschen Geschichte. Freiburg: Herder, 2001

Praxis Geschichte: Arbeiterbewegung. Heft 2/2001. Braunschweig: Westermann, 2001

Praxis Geschichte: Napoleonische Ära. Heft 6/2004. Braunschweig: Westermann, 2004

Praxis Geschichte: Arbeit im Industriezeitalter. Heft 3/2006. Braunschweig: Westermann, 2006

Praxis Geschichte: Vormärz. Heft 3/2006. Braunschweig: Westermann, 2006

Praxis Geschichte: Schauplätze der Französischen Revolution. Heft 6/2006. Braunschweig: Westermann 2006

Praxis Geschichte: Krautjunker und Schlotbarone. Heft 1/2008. Braunschweig: Westermann 2008

Praxis Geschichte: Industrialisierung und Umwelt. Heft 6/2012. Braunschweig: Westermann 2012

Praxis Geschichte: 1848/49 – Europäisches Epochenjahr. Heft 2/2013. Braunschweig: Westermann 2013

Robbin, I.: Erfindungen. Hamburg: Neuer Tessloff, 1966

Schulze, H.: Kleine Deutsche Geschichte. München: C. H. Beck, 1996

Soboul, A.: Kurze Geschichte der französischen Revolution. Hamburg: Wagenbach, 2010

Spiegel Geschichte: Die große französische Revolution. Heft 1/2010. Hamburg, 2010

Spiegel Geschichte: Das deutsche Kaiserreich. Heft 3/2013. Hamburg, 2013

Stadelmann, R.: Soziale und politische Geschichte der Revolution von 1848. München: F. Bruckmann, 1970

Veit, V.: Geschichte der Deutschen Revolution 1848–1849. Berlin: Kiepenheuer & Witsch, 1970

Wagenbreth, O.: Die Geschichte der Dampfmaschine. Münster: Aschendorff Verlag, 2002

Wochenschau, Geschichte aus erster Hand: Angelockt und fortgetrieben, Migration in der Neuzeit. Nr. 3, Sept./Okt. 1998. Schwalbach: Wochenschau, 1998

2. Internetlinks

Kapitel 1: Die Französische Revolution – Der Kampf um Menschenrechte und bürgerliche Freiheit

http://www.franzoesische-revolution.com/

http://www.helles-koepfchen.de/artikel/3250.html http://de.wikipedia.org/wiki/Franz%C3%B6sische_Revolution

http://www.kinderzeitmaschine.de/neuzeit/kultur/franzoesische-revolution.html?no_cache=1&ut1=119

http://www.wasistwas.de/aktuelles/artikel/link//3c6a5b01fa/article/die-franzoesische-revolution.html

Kapitel 2: Die Industrielle Revolution – Technologischer Wandel verändert die Welt

http://de.wikipedia.org/wiki/Industrielle_Revolution

http://de.wikipedia.org/wiki/Dampfmaschine

http://www.planet-wissen.de/natur_technik/naturschutz/umweltverschmutzung/industrielle_revolution.jsp

http://www.deutsches-museum.de/information/jugend-im-museum/erfinderpfad/antriebe/dampfmaschine/

http://de.wikipedia.org/wiki/Geschichte_des_Automobils

http://www.spiegel.de/thema/125_jahre_automobil

Kapitel 3: Die soziale Frage – Armut, Ausbeutung und Kinderarbeit im 19. Jahrhundert

http://de.wikipedia.org/wiki/Kinderarbeit

http://de.wikipedia.org/wiki/Arbeiterbewegung http://de.wikipedia.org/wiki/Geschichte_der_deutschen_Sozialdemokratie

http://www.hanisauland.de/lexikon/s/soziale_frage.html http://www.zeitspurensuche.de/02/kinder1.htm http://www.spd.de/partei/Geschichte/Soziales_Deutschland/

Literatur- und Quellenverzeichnis

www.wasistwas.de/nc/aktuelles/artikel/link//a876c9958e/article/kinderarbeit-schuften-fuer-einen-hungerlohn.html

www.planet-wissen.de/politik_geschichte/preussen/geschichte_preussens/deutsche_arbeiterbewegung.jsp

https://www.dhm.de/lemo/kapitel/kaiserreich/innenpolitik/arbeiterbewegung

http://www.hanisauland.de/lexikon/k/kinderarbeit.html

Kapitel 4: Einigkeit und Recht und Freiheit

http://www.kinderzeitmaschine.de/index.php?id=401&ht=6&ut1=120&ut2=98&evt=580&x1=64&x2=40. 05

http://www.n24.de/n24/Wissen/History/d/1275064/die-gruendung-des-deutschen-kaiserreiches- 1871.html

http://www.wasistwas.de/geschichte/die-themen/artikel/link//26a2d71ac1/article/der

https://www.preussen.de/de/geschichte/preussenlexikon/a-m/deutscher_zollverein.html

http://www.geschichtsinfos.de/wartburgfest-im-jahre-1817/

http://www.hambacher-schloss.de/geschichte/309-hambacherfest

http://www.derweg.org/deutschland/gesamt/nationalhymne.html

http://www.kinderzeitmaschine.de/index.php?id=401&ht=6&ut1=120&ut2=100&x1=64

http://www.wissen.de/lexikon/frankfurter-nationalversammlung

https://www.bundestag.de/kulturundgeschichte/symbole/flagge

Kapitel 5: Das Deutsche Kaiserreich

http://www.deutsche-kaiserreich.de/

http://www.n24.de/n24/Wissen/History/d/1275064/die-gruendung-des-deutschen-kaiserreiches- 1871.html

http://www.deutsche-schutzgebiete.de/deutsche-kolonien.htm http://www.wilhelm-der-zweite.de/kaiser/kurzbiographie.php

http://www.deutsche-schutzgebiete.de/denkmaeler.htm

http://www.history.ucsb.edu/faculty/marcuse/classes/201/articles/Nipperdey1968HZNationalidee Nationaldenkmal1976.pdf

http://www.tatsachen-ueber-deutschland.de/de/geschichte/main-content-03/1871-die-reichsgruendung.html

https://www.theiss.de/pdf/978-3-8062-2404-7.pdf (Kaiserproklamation)

http://www.w-minkenberg.de/Geschichte/kaiserproklamation.htm

http://www.planet-wissen.de/politik_geschichte/preussen/otto_von_bismarck/

http://geschichtsverein-koengen.de/Bismarck.htm

http://www.kinderzeitmaschine.de/neuzeit/lucys-wissensbox/kategorie/nation-von-oben-von-einem-reichskanzler-und-einem-anderen-koenig-der-dann-doch-kaiser-wurde/frage/was-war-der- kulturkampf.html?no_cache=1&ht=6&ut1=120

http://www.mpgsaarlouis.de/projekte/unterricht/geschichte/Lernbilder_06/07_Die_Aussenpolitik_Bisma rcks.pdf

http://www.zeitklicks.de/kaiserzeit/zeitklicks/zeit/alltag/kindheit-und-jugend-1/setzen-steh-auf-ruhe/

http://www.helles-koepfchen.de/artikel/3324.html (Bismarck und das Deutsche Kaiserreich)

http://www.wasistwas.de/geschichte/die-themen/artikel/link//cc6b583272/article/wilhelm-i-koenig-von-preussen-und-kaiser-wider-willen.html

Bildquellennachweis

Kapitel 1: Die Französische Revolution – Der Kampf um Bürgerrechte und bürgerliche Freiheit

(S. 9) Karikatur zur französischen Revolution: Klerus und Adel getragen vom dritten Stand, 1789 http://upload.wikimedia.org/wikipedia/commons/8/8e/Troisordres.jpg; by M. P. (Bibliothèque nationale de France) [Public domain], via Wikimedia Commons (gemeinfrei)

(S. 9) Karikatur – Ich wusste ja, dass wir auch noch an die Reihe kämen, 1789 http://upload.wikimedia.org/wikipedia/commons/e/ec/Ich_wusste_ja%2C_dass_wir_auch_noch_an_die_Reihe_k%C3%A4men.png; unknown [Public domain], via Wikimedia Commons (gemeinfrei)

(S. 10) Réveil du Tiers état, 1789 http://upload.wikimedia.org/wikipedia/commons/4/4f/Le_r%C3%A9veil_du_Tiers-%C3%89tat.jpg; by Anonymous (Bibliothèque nationale de France) [Public domain], via Wikimedia Commons (gemeinfrei)

(S. 11) Jacques-Louis David, Le Serment du Jeu de paume, 1791 http://upload.wikimedia.org/wikipedia/commons/6/6d/Le_Serment_du_Jeu_de_paume.jpg; Jacques-Louis David [Public domain], via Wikimedia Commons (gemeinfrei)

(S. 12) Anonymous painter from France of Northern countries, Prise de la Bastille, ca. 1789–1791 http://upload.wikimedia.org/wikipedia/commons/9/99/Prise_de_la_Bastille_IMG_2250.jpg; Photograph by Rama, Wikimedia Commons, Cc-by-sa-2.0-fr [CC BY-SA 2.0 fr (http://creativecommons.org/licenses/by-sa/2.0/fr/deed.en)], via Wikimedia Commons (gemeinfrei)

(S. 13) Jean-Guillaume Moitte, Égalité – Die Gleichheit, 1793 http://upload.wikimedia.org/wikipedia/commons/0/01/1793_Equality_anagoria.JPG; by Jean-Guillaume Moitte (1746–1810) (anagoria) [Public domain], via Wikimedia Commons (gemeinfrei)

Literatur- und Quellenverzeichnis

(S. 15) Exécution de Louis XVI, époque révolutionnaire, 1908 http://upload.wikimedia.org/wikipedia/commons/3/34/Ex%C3%A9cution_de_Louis_XVI%2C_%C3%A9poque_r%C3%A9volutionnaire.jpg; by Hector Fleischman (ouvrage: La guillotine en 1793) [Public domain], via Wikimedia Commons (gemeinfrei)

(S. 16) Marseillaise, 1792
© akg-images

(S. 17) A military post with semaphore 1794 http://upload.wikimedia.org/wikipedia/commons/a/ae/PSM_V44_D814_A_military_post_with_semaphore_1794.jpg; von Unbekannt (Popular Science Monthly Volume 44) [Public domain], via Wikimedia Commons (gemeinfrei)

(S. 18) Émile Wattier, The Pretty Sans-Culotte under Arms with The Sans-Culotte of August 10th, redrawn 19th-century version of original early 1790's illustrations http://upload.wikimedia.org/wikipedia/commons/d/d7/Sans-Culottes.jpg; by Émile Wattier [Public domain], via Wikimedia Commons (gemeinfrei)

(S. 19) Jean-Baptiste Isabey, Portrait de Bonaparte à la Malmaison, dessin d' Isabey 1801 http://upload.wikimedia.org/wikipedia/commons/6/6d/Napol%C3%A9on-Malmaison_Isabey_1801.jpg; Jean-Baptiste Isabey [Public domain], via Wikimedia Commons (gemeinfrei)

(S. 20) Napoleons Lebenslauf; kolorierte Radierung nach einer deutschen Karikatur, ca. 1813, hier eine Reproduktion http://upload.wikimedia.org/wikipedia/commons/a/a7/Napoleons_Lebenslauf_-_Aufstieg_und_Fall.jpg; by unbekannter Karikaturist [Public domain], via Wikimedia Commons (gemeinfrei)

Kapitel 2: Die Industrielle Revolution – Technologischer Wandel verändert die Welt

(S. 22) Maschinenraum um 1903, Mainova AG, 1903 http://upload.wikimedia.org/wikipedia/commons/8/82/Historisches_Bild_Mainova_2.jpg; von Mainova (Mainova AG) [CC BY-SA 3.0 (http://creativecommons.org/licenses/by-sa/3.0)], via Wikimedia Commons (gemeinfrei)

(S. 24) Erste Eisenbahn
© Aachener Geschichtsverein

(S. 27) The Krupp factory in Essen in 1826 http://upload.wikimedia.org/wikipedia/commons/0/00/Krupp_factory_1826.jpg; von Unbekannt [Public domain], via Wikimedia Commons (gemeinfrei)

(S. 27) The Krupp factory in Essen in 1852 http://upload.wikimedia.org/wikipedia/commons/4/4d/Krupp_factory_1852.jpg; von Unbekannt [Public domain], via Wikimedia Commons (gemeinfrei)

(S. 27) The Krupp factory in Essen in 1880 http://upload.wikimedia.org/wikipedia/commons/1/1c/Krupp_factory_1880.jpg; von Unbekannt [Public domain], via Wikimedia Commons (gemeinfrei)

(S. 28) Karl Eduard Biermann, Borsig's Maschinenbau-Anstalt zu Berlin, 1847 http://upload.wikimedia.org/wikipedia/commons/5/50/Borsig_1847.jpg; Karl Eduard Biermann [Public domain], via Wikimedia Commons (gemeinfrei)

(S. 29) Briefmarke der Deutschen Post AG aus dem Jahre 2002, 250. Geburtstag von Albrecht Daniel Thaer http://upload.wikimedia.org/wikipedia/commons/f/fa/Stamp_Germany_2002_MiNr2255_Albrecht_Daniel_Thaer.jpg; by Gerhard Lienemeyer für das Bundesministerium der Finanzen und die Deutsche Post AG (Deutsche Post AG) [Public domain], via Wikimedia Commons (gemeinfrei)

(S. 29) Gedenkmarke (1978) zum 175. Geburtstag von Justus von Liebig (Deutsche Post, DDR) http://upload.wikimedia.org/wikipedia/commons/9/9b/Stamps_of_Germany_%28DDR%29_1978%2C_MiNr_2336.jpg; By Hochgeladen von --Nightflyer (talk) 20:10, 10 October 2009 (UTC) [Public domain], via Wikimedia Commons (gemeinfrei)

(S. 30) Steam plow on a Dakota farm, 1890s
© akg-images / North Wind Picture Archives

(S. 30) Photograph with caption „Excavator on Mile 52 being pulled by traction-engine, plow side. August 8, 1904." http://upload.wikimedia.org/wikipedia/commons/5/59/%22Excavator_on_Mile_52_being_pulled_by_traction-engine%2C_plow_side._August_8%2C_1904.%22_-_NARA_-_282335.jpg; von War Department. Office of the Chief of Engineers. Chicago District. *derivative work: Alupus (Diskussion) (U.S. National Archives and Records Administration) [Public domain], via Wikimedia Commons (gemeinfrei)

Kapitel 3: Die soziale Frage – Armut, Ausbeutung und Kinderarbeit im 19. Jahrhundert

(S. 34) Die Baracken der Obdachlosen in Berlin, 1872
© akg-images

(S. 34) Theodor Hosemann, Armut im Vormärz, 1840 http://upload.wikimedia.org/wikipedia/commons/1/17/Theodor_Hosemann%2C_Armut_im_Vorm%C3%A4rz%2C_1840.png;L Theodor Hosemann [Public domain], via Wikimedia Commons (gemeinfrei)

(S. 35) Industriearbeiter als mechanisch angetriebene Puppen https://www.in-die-zukunft-gedacht.de/icoaster/files/karikat_fabrikarbeiter_bpk.jpg; © bpk / Dietmar Katz

(S. 37) Nebenstollen in Lancashire: Ein Knabe zieht, zwei stoßen, 1844; © akg-images

(S. 40) Unfall in einer Maschinenfabrik, um 1890 © bpk / Deutsches Historisches Museum, Berlin / Arne Psille

(S. 41) Munkácsy, Sztrájk, 1895 http://upload.wikimedia.org/wikipedia/commons/0/0b/Munk%C3%A1csy_Sztr%C3%A1jk_1895.JPG; Mihály von Munkácsy [Public domain], via Wikimedia Commons (gemeinfrei)

Literatur- und Quellenverzeichnis

(S. 42) Robert Koehler, The Strike in the region of Charleroi, 1886 http://upload.wikimedia.org/wikipedia/commons/1/17/%22Der_Streik%22_von_Robert_Koehler.jpg; Robert Koehler [Public domain], via Wikimedia Commons (gemeinfrei)

(S. 43) The Haymarket Riot, 15. Mai 1886 http://www.chicagohs.org/hadc/visuals/59V0460v.jpg; Harper's Weekly [Public domain], via Wikimedia Commons (gemeinfrei)

(S. 43) DGB / Arbeitszeitverkürzung / Plakat 1956 © akg-images

(S. 44) Otto von Bismarck, 3. Juli 1871 http://upload.wikimedia.org/wikipedia/commons/6/62/Bundesarchiv_Bild_183-R68588%2C_Otto_von_Bismarck.jpg; Bundesarchiv, Bild 183-R68588 / P. Loescher & Petsch / CC-BY-SA 3.0 [CC BY-SA 3.0 de (http://creativecommons.org/licenses/by-sa/3.0/de/deed.en)], via Wikimedia Commons (gemeinfrei)

(S. 45) Knabenarbeitssaal im Rauhen Hause, 1855 © akg-images

(S. 45) Wohlfahrtsmarke 1949, mit einem Porträt von Johann Hinrich Wichern (1808-1881) http://upload.wikimedia.org/wikipedia/commons/5/5a/DBP_1949_120_Wichern.jpg; by scanned by NobbiP (scanned by NobbiP) [Public domain], via Wikimedia Commons (gemeinfrei)

(S. 45) Sondermarkenserie Helfer der Menschheit VII, Adolph Kolping (1813-1865) http://upload.wikimedia.org/wikipedia/commons/b/b6/DBP_1955_223_Adolph_Kolping.jpg; by scanned by NobbiP (scanned by NobbiP) [Public domain], via Wikimedia Commons (gemeinfrei)

(S. 45) Wohlfahrtsmarke 1951, mit einem Porträt von Friedrich von Bodelschwingh (1831-1910) http://upload.wikimedia.org/wikipedia/commons/8/88/DBP_1951_144_Bodelschwingh.jpg; von scanned by NobbiP (scanned by NobbiP) [Public domain], via Wikimedia Commons (gemeinfrei)

(S. 46) Florence Nightingale three quarter length, etwa 1860 http://upload.wikimedia.org/wikipedia/commons/1/13/Florence_Nightingale_three_quarter_length.jpg; von not listed [Public domain], via Wikimedia Commons (gemeinfrei)

(S. 46) Robert Koch, Fotogravur nach einer Fotografie von Wilhelm Fechner, um 1900 http://upload.wikimedia.org/wikipedia/commons/5/55/Robert_Koch.jpg; Wilhelm Fechner [Public domain], via Wikimedia Commons (gemeinfrei)

(S. 46) Henry Dunant, The man whose vision led to the creation of the worldwide Red Cross and Red Crescent movement, 1855 http://upload.wikimedia.org/wikipedia/commons/c/c0/Henry_Dunant_1855.jpg; von ICRC [CC BY-SA 2.0 (http://creativecommons.org/licenses/by-sa/2.0)], via Wikimedia Commons (gemeinfrei)

(S. 46) Félix Nadar, Louis Pasteur, vor 1895 http://upload.wikimedia.org/wikipedia/commons/2/2e/Louis_Pasteur%2C_foto_av_F%C3%A9lix_Nadar.jpg; Nadar [Public domain], via Wikimedia Commons (gemeinfrei)

Kapitel 4: Einigkeit und Recht und Freiheit

(S. 48) Congress of Vienna, XIX century http://upload.wikimedia.org/wikipedia/commons/1/17/Congress_of_Vienna.PNG; von Jean Godefroy, numbers added by User:Mathiasrex Maciej Szczepa€czyk [CC BY-SA 3.0 (http://creativecommons.org/licenses/by-sa/3.0)], via Wikimedia Commons (gemeinfrei)

(S. 51) Die Burschenfahrt auf die Wartburg am 18. Oktober 1817 © akg-images

(S. 52) Karikatur Denkerclub, 1829 http://upload.wikimedia.org/wikipedia/commons/f/f8/Karikatur_Denkerclub.jpg; by unbekannt, upload by sidonius (talk) 10:02, 17 July 2012 (UTC) [Public domain], via Wikimedia Commons (gemeinfrei)

(S. 53) 150 Jahre Hambacher Fest, 1982 http://upload.wikimedia.org/wikipedia/commons/7/7d/DBP_1982_1130_Hambacher_Fest.jpg; by scanned by NobbiP (scanned by NobbiP) [Public domain], via Wikimedia Commons (gemeinfrei)

(S. 54) Vinzenz Katzler, Sturm auf die Kartoffelstände, 1847 http://upload.wikimedia.org/wikipedia/commons/2/22/Kartoffelrevolution_1847_Katzler.jpg; Vinzenz Katzler [Public domain], via Wikimedia Commons (gemeinfrei)

(S. 54) Karikatur zum Schlesischen Weberaufstand, 1848 http://upload.wikimedia.org/wikipedia/commons/9/92/Elend_in_Schlesien.jpg; by unknown/unbekannt (Fliegende Blätter, Jahrgang 1848) [Public domain], via Wikimedia Commons (gemeinfrei)

(S. 55) Angriff auf die Barrikade am Alexanderplatz Berlin am Nachmittag des 18. März 1848 http://upload.wikimedia.org/wikipedia/commons/b/bd/Angriff_auf_die_Barrikade_am_Alexanderplatz_Berlin_18_M%C3%A4rz_1848.jpg; von Unbekannt (http://www.bassenge.com/) [Public domain], via Wikimedia Commons (gemeinfrei)

(S. 56) Ludwig von Elliott, Session of the Nationalversammlung (german national assembly) at the Paulskirche, 1848 http://upload.wikimedia.org/wikipedia/commons/8/88/Frankfurt_Nationalversammlung_1848.jpg; coloured Drawing by Ludwig von Elliot, 1848, Historic Museum a. M.

Literatur- und Quellenverzeichnis

(S. 57) Heinrich Hoffmann von Fallersleben http://upload.wikimedia.org/wikipedia/commons/6/61/Heinrich_Hoffmann_von_Fallersleben.jpg; von Trollmann at de.wikipedia [Public domain], via Wikimedia Commons (gemeinfrei)

(S. 59) Freiburg im Jahre 1848 http://upload.wikimedia.org/wikipedia/commons/5/53/Freiburg_Bauten.jpg; von Unbekannt [Public domain], via Wikimedia Commons (gemeinfrei)

(S. 59) Isidor Popper, Friedrich Wilhelm IV., Bildunterschrift: „Soll ich? – Soll ich nich? – Soll ich?! Knöppe, ihr wollt! nu jerade nich!!“, 1849 http://upload.wikimedia.org/wikipedia/commons/0/07/FrWIV-Karikatur-1849-Farbe.jpg; Isidor Popper [Public domain], via Wikimedia Commons (gemeinfrei)

(S. 60) Heil dir im Siegerkranz, 1793 © zpkm Universität Freiburg

Kapitel 5: Das Deutsche Kaiserreich

(S. 62) Otto von Bismarck, 3. Juli 1871 http://upload.wikimedia.org/wikipedia/commons/6/62/Bundesarchiv_Bild_183-R68588%2C_Otto_von_Bismarck.jpg; Bundesarchiv, Bild 183-R68588 / P. Loescher & Petsch / CC-BY-SA 3.0 [CC BY-SA 3.0 de (http://creativecommons.org/licenses/by-sa/3.0/de/deed.en)], via Wikimedia Commons (gemeinfrei)

(S. 63) Wappen des Deutschen Reiches, 1897 http://upload.wikimedia.org/wikipedia/commons/f/fb/Wappen_Deutsches_Reich_-_Reichswappen_%28Klein%29.png; Hugo Gerhard Ströhl [Public domain or Public domain], via Wikimedia Commons (gemeinfrei)

(S. 63) Deutschlands Zukunft, Karikatur im Kikeriki zu den Novemberverträgen, 1870 http://upload.wikimedia.org/wikipedia/commons/8/85/Deutschlands_Zukunft.jpg; by Unbekannter Zeichner [Public domain], via Wikimedia Commons (gemeinfrei)

(S. 64) Anton von Werner, Proclamation of the German Empire 1871 in Versailles http://upload.wikimedia.org/wikipedia/commons/1/10/1871_Proclamation_of_the_German_Empire.jpg; Gemälde von A. v. Werner (1843 – 1915), Quelle: Müller-Baden, Emanuel (Hrsg.): Bibliothek des allgemeinen und praktischen Wissens, Bd. 4. - Berlin, Leipzig, Wien, Stuttgart: Deutsches Verlaghaus Bong & Co, 1904. - 1. Aufl.

(S. 67) Hausdurchsuchung, Reproduktion eines zeitgenössischen Holzschnittes © Archiv der sozialen Demokratie (AdsD) der Friedrich-Ebert-Stiftung, Bonn

(S. 68) Otto Fürst von Bismarck http://upload.wikimedia.org/wikipedia/commons/0/05/Otto_F%C3%BCrst_von_Bismarck.JPG, by AD.BRAUN & Cie Dornach (Kabinett-Photo) [Public domain], via Wikimedia Commons (gemeinfrei)

(S. 69) König Wilhelm I. von Preußen in großer Generalsuniform, nach 1870 http://upload.wikimedia.org/wikipedia/commons/4/43/Wilhelm_I_Friedrich_Ludwig.jpg; unknown [Public domain], via Wikimedia Commons (gemeinfrei)

(S. 69) Kronprinz Friedrich Wilhelm von Preußen, späterer Kaiser Friedrich III. http://upload.wikimedia.org/wikipedia/commons/a/ae/Kronprinz_Friedrich_Wilhelm.jpg; von Atelier Pflaum & Co. Berlin (Albumin-Foto, Reproduktion Günter Josef Radig) [Public domain], via Wikimedia Commons (gemeinfrei)

(S. 69) Kaiser Wilhelm II, zwischen 1910 und 1915 http://upload.wikimedia.org/wikipedia/commons/9/9d/Kaiser_Wilhelm_II_LOC.jpg; von The Library of Congress [Public domain], via Wikimedia Commons (gemeinfrei)

(S. 70) Niederwalddenkmal nahe Rüdesheim am Rhein http://upload.wikimedia.org/wikipedia/commons/e/ea/MK9970_Niederwalddenkmal.jpg; Martin Kraft // photo.martinkraft.com [CC BY-SA 3.0 (http://creativecommons.org/licenses/by-sa/3.0)], via Wikimedia Commons (gemeinfrei)

(S. 70) Das Völkerschlachtdenkmal 1913 http://upload.wikimedia.org/wikipedia/commons/1/1c/V%C3%B6lkerschlachtdenkmal_1913.jpg; von unbekannt [Public domain], via Wikimedia Commons (gemeinfrei)

(S. 70) Kaiser-Wilhelm-Denkmal bei Porta Westfalica, Nordrhein-Westfalen http://upload.wikimedia.org/wikipedia/commons/8/8a/Kaiser_Wilhelm_PW.jpg; by Dschazz (selbst fotografiert von Dschazz) [CC BY-SA 2.0 de (http://creativecommons.org/licenses/by-sa/2.0/de/deed.en)], via Wikimedia Commons (gemeinfrei)

(S. 71) Paul Wallot, Design for the german Parliament (the Reichstag), 1882 http://upload.wikimedia.org/wikipedia/commons/e/e7/ReichstagWallot1882.jpg; by Paul Wallot [Public domain], via Wikimedia Commons (gemeinfrei)

(S. 71) Giebel des Reichstagsgebäudes in Berlin http://upload.wikimedia.org/wikipedia/commons/5/5b/Reichstag_Giebel2.jpg; by Mcschreck [Public domain], via Wikimedia Commons (gemeinfrei)

(S. 73) John Tenniel, Der Lotse geht von Bord, 1890 http://upload.wikimedia.org/wikipedia/commons/2/25/1890_Bismarcks_Ruecktritt.jpg; Der Lotse geht von Bord. Karikatur von Sir John Teniel (1820-1914), abgedruckt im englischen Magazin Punch. Oben Kaiser Wilhelm II, Reichskanzler Otto von Bismarck muss das Schiff verlassen.

(S. 73) Deutsche Emigranten betreten ein Dampfschiff in Hamburg (Deutschland) mit Kurs auf New York City (USA), 19. Jh. http://upload.wikimedia.org/wikipedia/commons/c/c4/GermanEmigrantsBoardingAShipInHamburg.jpg; by unknown [Public domain], via Wikimedia Commons (gemeinfrei)

Jederzeit optimal vorbereitet in den Unterricht?

»